Daniela Zellner

Rezepte gegen Übersäuerung

Durch basische Ernährung zu spürbar mehr Wohlbefinden

ersa Verlag

Rezepte gegen Übersäuerung

Durch basische Ernährung zu spürbar mehr Wohlbefinden

Daniela Zellner
1.Auflage 2020
ersa Verlag
www.ersa-verlag.de
ISBN 978-3-948732-00-4

Printed in Germany

ersa Verlag UG (haftungsbeschränkt)
Gagzow, Dorfstr.15,
23974 Krusenhagen/Germany

Inhaltsverzeichnis

„Die Gesundheit überwiegt alle äußeren
Güter so sehr,
dass wahrscheinlich ein gesunder Bettler
glücklicher ist
als ein kranker König."

Arthur Schopenhauer (1788 – 1860)
deutscher Philosoph, Autor und Hochschullehrer

Vorwort

Fühlen Sie sich häufig matt, schnell erschöpft, unkonzentriert oder sind Sie anfällig für Infekte? Wussten Sie, dass Ihr Wohlbefinden sehr stark vom Verhältnis zwischen Säuren und Basen abhängt?

Normalerweise können die Entgiftungsorgane überschüssige Säuren aus dem Körper ausscheiden, nehmen sie jedoch Überhand, lagern sie sich im Bindegewebe ab, infolgedessen der gesamte Stoffwechsel gedrosselt wird und Beeinträchtigungen des Wohlbefindens auftreten. Jahrelange Entgleisungen fordern ihren Tribut, viele unserer heutigen Zivilisationserkrankungen sind nichts anderes als die Folgen dieser schleichenden Übersäuerung. Doch es ist nicht zu spät, die eigene Säure-Basen-Dysbalance zu korrigieren, um Gesundheit und Vitalität endlich schwungvoll ins Ziel zu bringen.

Entgegen vieler Meinungen, die Säure-Basen-Balance wäre eine spezielle Diätform, ist sie in Wahrheit eine wirklich smarte Ernährungsweise, die für ein langes Leben voller Vitalität, fernab von Krankheiten oder dubiosen Symptomen ohne erklärbare Ursachen, fundamental ist. Diese Ernährungsform trägt immens dazu bei, der Degeneration des Körpers entgegenzuwirken und selbst im Alter noch fit zu sein wie der sprichwörtliche Turnschuh. Eine basische Ernährung hilft, einer ungesunden Übersäuerung entgegenzuwirken, der stillen Ursache zahlreicher Erkrankungen.

Vergessen Sie Nahrungsergänzungsmittel, fragwürdige Schlankheitspillen oder Gelenkkapseln: Eine basenreiche Ernährungsweise sorgt für eine optimale Vitalstoffzufuhr mit Spurenelementen, Enzymen und zahlreichen Pflanzenstoffen. Chronische Erkrankungen wie Gicht oder Rheuma können spürbar gebessert, der Knochenabbau der Osteoporose gebremst werden. Das Allgemeinbefinden kann optimiert und Verdauungsstörungen abgemildert werden, Kreislaufstörungen abklingen und Heilprozesse bei chronischen Krankheiten beschleunigt werden.

Kurzum: Gesundheitliche Defizite können zukünftig vermieden oder zumindest stark eingeschränkt werden. Um endlich zu einer gesunden Balance zwischen Säuren und Basen zurückzukehren, müssen jedoch zwei elementare Eckpfeiler des Lebens dauerhaft umgerückt werden: Zum einen die Ernährung, zum anderen die Lebensweise.

Betrachten Sie diesen Ernährungsratgeber als Ergänzung zu meinem Buch „Übersäuerung als Ursache“, denn ich stelle Ihnen auf den folgenden Seiten noch mehr leckere und kerngesunde Rezepte für eine basenreiche Ernährung vor, die Ihnen im Alltag dabei helfen sollen, Ihre Gesundheitsziele spielend einfach zu erreichen.

Sie brauchen sich nur an die Rezepte in diesem Buch zu halten, und denken Sie bitte daran: Das Schwerste ist stets der Anfang, wenn es darum geht, festgefahrene Gewohnheiten zu durchbrechen. Denn Gewohnheiten sind wie ein Seil: Wir weben jeden Tag einen Faden, bis wir diesen schließlich nicht mehr zerreißen können.

Dieser Ratgeber ist Ihr Schweizer Messer gegen Schweinehund und Vorsatzfrust; denn bereits nach kurzer Zeit wird die basische Ernährungsweise für Sie so selbstverständlich sein wie das tägliche Zähneputzen. Und sobald Sie sich besser fühlen, werden Sie sich vielleicht fragen, warum Sie nicht bereits viel früher mit dieser basischen Lebensweise begonnen haben. Jeder Tag, an dem Sie nicht anfangen, ist ein verlorener Tag. Starten Sie einfach jetzt!

Übersäuerung als Ursache

Der menschliche Körper besitzt umfängliche Puffersysteme und Ausscheidungswege, um sich von Stoffwechselsäuren zu befreien bzw. diese zu neutralisieren: Die Lunge entledigt sich der flüchtigen Säuren über das Abatmen von CO2, die Leber baut währenddessen Stoffwechselsäuren ab und die Nieren scheiden fixe Säuren aus. Um ein gesundes Gleichgewicht zu bewahren, benötigen wir basisch wirkende Stoffe, die die Säuren neutralisieren können. Gleichzeitig schleusen wir über die Lungen (Atemluft), Nieren (Urin) sowie über die Haut (Schweiß) Säuren aus dem Körper.

Stehen allerdings nicht genug Basen zur Neutralisierung zur Verfügung oder kommen die Systeme nicht mit der Ausscheidung hinterher, muss unser Körper die Säuren anderweitig aus dem Weg räumen – sie werden dann im Bindegewebe abgelagert.

Eine permanente Säureüberlastung lässt auch das beste Puffersystem irgendwann an seine Grenzen stoßen – es kommt zu einer „latenten metabolischen Azidose“. In der Schulmedizin bleibt diese Form ohne akute Symptome in der Regel unbeachtet und bleibt daher oft über Jahrzehnte unentdeckt. Im allgemeinen Sprachgebrauch wird für die latente Azidose oft der Begriff „Übersäuerung“ verwendet. Man differenziert zwischen latenter (leicht gestörtes Säure-Basen-Gleichgewicht), chronisch-latenter (dauerhafte Dysbalance des Säure-Basen-Gleichgewichts) und akuter Übersäuerung (intensivmedizinischer Notfall!).

Befinden sich die Puffersysteme im Zustand der Dauerüberlastung (chronisch latent), schwinden nicht nur sukzessive deren Ressourcen zum Säureabbau, sondern auch Lebensqualität und Wohlbefinden. Der Zeiger zeigt nun „3 vor 12“. Wenn dann schließlich Allergien, Gicht, Rheuma, Bindegewebserkrankungen oder gar Schlimmeres das gesundheitliche Desaster komplettieren, führt der Weg zur Gesundung nur über den langfristigen Ausgleich des pH-Werts. Auch die Umkehrung einer Übersäuerung kann eintreten, wenn auch selten. Diesen Zustand nennt die Fachwelt „Alkalose“ und wird durch die unkontrollierte Einnahme von Natriumbikarbonat, durch starkes Erbrechen oder Hyperventilation ausgelöst. Diese übermäßig basische Stoffwechsellage muss von einem Arzt behandelt werden.

Bluthochdruck, Depressionen, Karies, Diabetes, Neurodermitis, Krebs: Eine Übersäuerung ist fast immer an der Entstehung von Krankheiten unterschiedlichster Coleur, insbesondere auch den chronischen, wesentlich beteiligt. Eine Entsäuerung ist demzufolge einer der ersten Schritte, diesem Verlauf effektiv entgegenzuwirken. Ist der Körper mit Säuren und Schlacken überlastet, müssen selbige zuerst ausgeleitet werden, bevor der Umstieg hin zu einer basischen Lebensweise gelingen kann.

Die zwei mächtigsten Hebel gegen Übersäuerung

Besteht ein ungesundes Säure-Basen-Milieu, was bei den meisten Menschen heutzutage leider der Fall ist, haben wir die Chance, uns diesem Ungleichgewicht entgegenzustemmen. Die zwei mächtigsten Hebel dazu heißen „Ernährung“ und „Lebensweise“, wobei die Ernährung den wohl wichtigsten Einfluss auf den Säure-Basen-Haushalt nimmt.

Zugegebenermaßen ist es eine Herausforderung, in der heutigen Zeit sein Säure-Basen-Gleichgewicht zu halten. An jeder Ecke lauern Versuchungen, denen man nun widerstehen soll. Eine ungezügelte Kalorienzufuhr in Relation zu einem dramatischen Bewegungs-Defizit ist heutzutage bei den meisten Menschen völlig „normal“. Auf der modernen Speisekarte stehen leider viel zu viele säurebildende Kohlenhydrate und Eiweiße und zu wenige basenbildende Gemüse- und Obstsorten.

Doch für die meisten Menschen scheint es eine nicht zu bewältigende Hürde zu sein, sich zwischen beruflichem Hamsterrad und familiären Verpflichtungen auch noch mit mehr oder weniger komplexen Ernährungsfragen zu befassen. Zwischendurch ein Stück Schokolade hier, ein Pudding dort, Pommes mit Currywurst als Mittagssnack, die Torte zum Kaffee dazu und ein Glas Limonade oder Cola hinterher, die Tiefkühlpizza zum Abendessen und eventuell noch Alkohol als allabendliche Massage für die geschundenen Nerven.

Umweltgifte, E-Smog und Arzneimittel in Kombination mit ständiger psychischer und physischer Anspannung, komplettieren diesen desaströsen Alltagsirrsinn und fluten unsere Körper mit krankmachenden Säuren.

Eine durch Umwelttoxine und Mangelernährung mit zu vielen säurebildenden Lebensmitteln beschädigte Darmflora geht zudem mit gestörten Stoffwechselprozessen einher, aus denen schlussendlich ein kränkelnder Organismus resultiert.

Man kann Blut, Lungen und Nieren mit ihren regulierenden Körperfunktionen regelrecht ächzen hören unter diesem Joch gesundheitlicher Herausforderungen. Dieser moderne Lifestyle ist eigentlich ein Himmelfahrtskommando, bei dem die Kerze von beiden Seiten brennt.

Jeder Organismus braucht Nährstoffe um funktionieren zu können. Mithilfe der Nahrungsverwertung nimmt sich der Körper was er benötigt, alles Unbrauchbare scheidet er über Haut, Nieren, Lunge und Darm wieder aus. Wir fühlen uns wohl und bleiben gesund, wenn uns dies vollständig gelingt. Fällt bei der täglichen Verstoffwechselung jedoch so viel „Unbrauchbares“ (Schlacken) an, dass der Körper in Not gerät, diese restlos zu entsorgen, wird er versuchen, selbige vorerst im Bindegewebe „zwischenzulagern". Seinem Vorsatz, die Schlacken zu einem späteren Zeitpunkt aus dem Körper zu eskortieren, kann er jedoch nicht mehr nachkommen, da andauernd zu viele dieser Stoffe anfallen, um ihnen noch Herr werden zu können.

So bilden sich regelrechte Deponien in unserem Fasziengewebe, welche überquellen und nicht nur unseren Organismus merklich stören, sondern auch die Zellen schädigen. Das gesunde Gleichgewicht ist bereits aus der Balance und wird nun ohne Hilfe von außen kaum noch erreicht. Erreichen diese Schlackenstoffe nun noch die Gelenke, Nieren oder Blase, sind Krankheiten wie Arthritis, Nieren- oder Blasensteinen Tür und Tor geöffnet.

Der oxidative Stress der Zellen ist erhöht, wenn Schlacken unter der Haut eingelagert werden und in Korrelation mit Vital- und Nährstoffmängeln zu Falten führen. Chronische Entzündungen in Verbindung mit schlackenbedingten Funktionsstörungen des Körpers können zudem zu Regulierungsstörungen der Blutgerinnung führen: Das Risiko von Arteriosklerose ist massiv erhöht - bis hin zu Herzinfarkt und Schlaganfall.

Kurzum: Zu viele Schlacken lassen Zellen schneller altern, führen zu Krankheiten und haben das Potenzial, unsere Lebensstrecke deutlich abzukürzen. Und da unser ganzer Organismus aus Zellen besteht, altern wir selbst immer schneller, je mehr Müll in und um unsere Zellen eingelagert wird. Krankheiten und vorzeitige Alterung sind oft nichts weiter als eine Ansammlung von nicht ausgeleiteten Schlackenstoffen, welche häufig aus Säuren bestehen.

Die Dosis macht das Gift

Unsere täglich aufgenommene Menge an Zucker, Weißmehl und Fleisch steht in einem krassen Missverhältnis zu der Menge an Obst und Gemüse, Mineralstoffen und Spurenelementen, die wir konsumieren. Letztere sind basisch, während „schlechte" Kohlenhydrate und tierische Eiweiße das Feuer der Säurebildung kräftig anheizen. Säuernde Lebensmittel wie Fleisch, Fisch, Hühnereiweiß, Getreide oder Käse sind zwar nicht per se „verboten", doch sollte der Konsum besser nach der 80:20-Regel erfolgen, was bedeutet, dass die Nahrung zu 80 % aus basischen Lebensmitteln und lediglich zu 20 % aus säurebildenden Lebensmitteln bestehen sollte.

All die „schlechten" Säurebildner sind auch nicht das eigentliche Problem, sondern unsere Art, diese zu konsumieren.

Die Dosis macht eben das Gift, ein absoluter Verzicht auf all die „verbotenen" Dinge macht nicht grundsätzlich Sinn. Ab und zu mal eine Currywurst mit Pommes ist sicherlich noch kein gesundheitlicher Super-Gau. Selbst mal ein Gläschen Likör oder ein Stück Kuchen machen gar nichts, sofern es die Ausnahme bleibt.

Was sich für einige Uninformierte vielleicht „spleenig" anhört, ist im Grunde aber ein „alter Hut". Denn schon unsere Vorfahren lebten eigentlich nach dem 80:20-Prinzip und sie hatten weder Käse und Fleisch oder Zucker und Fette in dem Überfluss zur Verfügung, wie wir es heute kennen. Sie gingen zwar auf die Jagd und kamen so an Fleisch und das notwendige Eiweiß, in der Hauptsache aßen sie jedoch das, was nicht vor Pfeil und Bogen flüchten konnte: Pflanzen, Nüsse, basenreiche Samen und Beeren. Fleisch war etwas Besonderes und alles andere als stets verfügbar. Bezüglich der Verstoffwechselung von Nahrung sind unsere Erbanlagen eigentlich nicht auf die heutigen Ernährungsformen „geeicht", denn sie verlangen nach einer vorwiegend basischen Kost, in der säurebildende Nahrung die Ausnahme darstellt. Würde der Körper uns sonst mit einer schwächelnden Abwehr bzw. Krankheiten verschiedenster Coleur auf eine Säure-Basen-Dysbalance hinweisen?

Flüssigkeitszufuhr

Auch wenn angesichts der großen individuellen Unterschiede in Stoffwechsel, Arbeitswelt und Klima eine pauschale Trinkmengenempfehlung nicht Gegenstand der allgemeinen Debatte sein kann: Bezüglich der Trinkmenge, die für ein ausgewogenes Säure-Basen-Milieu bedeutsam ist, bleiben die meisten Menschen weit vor der Ziellinie zurück. Somit sind die Nieren kaum imstande, die gebotene Menge an Schlackenstoffen aus dem Körper zu schwemmen.

Auch bei der Wahl der Getränke handeln viele Menschen eher unbedacht, indem sie statt basenbildenden Mineralwässern oder Kräutertees, Säurebildnern wie Kaffee, überzuckerten Limonaden und Obstsäften und gar Energy-Drinks den Vorzug geben. Auch hier gilt:
Keine Selbstkasteiung, aber lassen Sie die flüssigen Zuckerbomben am besten außen vor.

Bewegung als elementare Voraussetzung für ein gesundes Leben

Sie können sich so basisch ernähren und so vielen Säurebildnern aus dem Weg gehen wie Sie nur können: Ohne ein ausreichendes Pensum an körperlicher Betätigung wird vieles doch vergeblich bleiben. Ähnlich wie bei einem Auto, das Jahre unbewegt in der Garage parkt, rosten wir irgendwann ein wie eine alte Antriebswelle. Da hilft auch kein Putzen und Polieren.

Konsequente Bewegungsverweigerung ist verantwortlich für einen trägen Lymphfluss, sodass Toxine und Schlacken nicht schnell genug zu den Ausleitungsorganen transportiert werden können, wodurch die Entgiftung des Körpers wesentlich gebremst wird. Jede einzelne Körperzelle ist aber auf die ausreichende Zufuhr von Sauerstoff angewiesen - ganz besonders auch die Gehirnzellen. Wenn wir als Kinder im Haus nur Unsinn anstellten, meinte unser Vater: „Die Kinder müssen an die frische Luft." Auch das Wissen um die ausreichende Bewegung ist also alles andere als „moderner Kokolores".

Bewegung hilft dem Körper bei der Entsäuerung; aber nur, solange sie im aeroben Bereich (im Sauerstoffüberschuss) vonstattengeht. Ihnen sollte bei jeder Bewegungsform noch so viel Atem bleiben, dass Sie sich ohne Probleme unterhalten können. Bewegung macht happy und schön. Bei der richtigen Bewegung werden nicht nur Stresshormone reduziert, sondern auch die körpereigenen Glückshormone (Endorphine) ausgeschüttet. Die Durchblutung wird angekurbelt, was sich insbesondere auch positiv auf das Hautbild auswirkt. Zudem werden Körperenergien in Fluss gebracht, die Energieblockaden auflösen können.

Bewegung macht beweglich - ebenso in physischer, wie auch in psychischer Hinsicht. Auch der Darm ist regelrecht abhängig von körperlicher Bewegung. Kohlensäure atmen wir bei körperlicher Betätigung über die Lunge ab, und haben Sie Ihre Depots zuvor mit ausreichend Basen gefüllt, können selbige sofort die Plätze der abgeatmeten Säuren „besetzen". Selbst bei einem Spaziergang schwitzen Sie, was ausgesprochen gut ist! So leiten Sie Giftstoffe über die Haut aus und werden Schlackenstoffe los, während die Haut gereinigt wird, was Sie absolut noch besser aussehen lässt!

Doch Vorsicht: Alles was ins „Extreme“ abschweift, setzt den Körper in einen Stresszustand, aus dem lokale Übersäuerungszustände resultieren. Besonders ein regelmäßiges moderat aktives Sportprogramm, am besten in der Sonne (Vitamin D!), ist neben einem ausgeglichenen Säure-Basen-Haushalt für die Knochengesundheit angeraten.

Ernährungsgewohnheiten im Alter

Je älter wir werden, desto schwerer wird es uns fallen, jahrelang praktizierten Ernährungsgewohnheiten abzuschwören. Doch besonders im Alter ist eine gesunde Säure-Basen-Balance von Bedeutung, da die Pufferkapazität des Blutes abnimmt und Säuren somit schlechter neutralisiert werden können. Kommt zudem eine Osteoporose ins Spiel, schwindet auch die Pufferkapazität, da die Knochenspeicher an neutralisierenden Phosphaten sinken. Denn um sich gegen eine chronische Übersäuerung zu wappnen, löst der Körper Mineralien aus den Knochen, die Säuren binden. Der wichtigste Knochenbaustoff Calcium wird vermehrt in das Blut abgegeben und mit dem Urin über die Nieren ausgeleitet. Zugleich sinkt die Aktivität der Knochen aufbauenden Zellen (Osteoblasten), und die der Knochen abbauenden Zellen (Osteoklasten) erhöht sich.

Die altersbedingte abnehmende Leistungsbereitschaft der Nieren als Ausscheidungsorgan für Säuren begünstigt zudem die Entstehung einer Säureüberlastung. Eine chronisch-latente Übersäuerung ist also auch ein Angriff auf unsere Knochen, die das Risiko für Osteoporose steigen lässt. Besonders gefährdet sind, wie bereits erwähnt, ältere Menschen. Verlorengegangenes Calcium muss natürlich neu aufgenommen werden, die Aufnahme dieses chemischen Elements findet dabei im Dünndarm statt, für dessen Steuerung das aktive Vitamin D verantwortlich ist. Der Haken bei der Sache ist jedoch, dass Vitamin D in einem sauren Millieu nicht aktiviert werden kann, da gewisse Stoffwechselprozesse in einer Säure-Basen-Schieflage nicht vonstatten gehen können. So spielt besonders alten Menschen eine chronische Übersäuerung übel mit, da zum einen viel Calcium verloren geht und zum anderen weniger aufgenommen werden kann. Sie sehen, wie wichtig insbesondere im Alter eine basische Lebensweise ist, weshalb sie praktiziert werden sollte. Calcium ist übrigens in vielen Mineralwässern und grünem Gemüse reichlich enthalten.

Basen-Präparate zur Säurenneutralisierung

Nicht wenige Menschen gehen der Empfehlung nach, Präparate gegen Übersäuerung einzunehmen. Ohne Hintergrundwissen sollte man dieser Empfehlung allerdings nicht folgen, denn es kann durchaus zu Problemen führen. Das ist etwa dann der Fall, wenn man sich bereits basisch ernährt, da es zu einer Überdosierung an Mineralstoffen kommen kann.

Zudem enthalten einige Basenpräparate Eisen. Möchte man Eisen ersetzen, muss man es vorher vom Arzt diagnostizieren lassen. Ersetzt man Eisen ohne Grund, kann die Anfälligkeit für bakterielle Infektionen steigen. Auch kann es zu signifikanten Verdauungsstörungen mit Magenproblemen und Durchfällen kommen, wenn der Magen durch unsachgemäße Einnahme von Basenpräparaten neutralisiert wird. Selbsterklärend kann die Einnahme von Präparaten nur ein kurzzeitiger Kompromiss sein, langfristig sollte eine gesunde Säure-Basen-Balance durch die entsprechende Ernährung geschaffen werden.

Medikamente beheben nicht die Ursache der Übersäuerung, sondern kaschieren nur deren Symptome. Es macht also keinen Sinn, einen ungesunden Lebensstil zu pflegen, den man versucht, mit Basen-Präparaten auszugleichen.

Was ist eine basische Lebensweise?

Zuerst sollten wir endlich wieder lernen, uns Zeit für uns zu nehmen und dies sollte auch ohne schlechtes Gewissen möglich sein. Was haben unsere Mitmenschen denn noch von uns, wenn wir irgendwann vor lauter Stress zusammenbrechen? Vielleicht sollte man dies den Menschen, die uns wegen „selbstverordneten Ruhepausen", und das noch mitten am Tag, kritisieren, auch einmal so sagen.

Da Stress in der Alternativmedizin ebenso als Belastung für den Säure-Basen-Haushalt angesehen wird wie eine nicht artgerechte Ernährung, gelten auch Entspannung und Stressreduktion als zielführende Maßnahmen zu einer ausgeglichenen Säure-Basen-Balance. Geeignet sind dazu beispielsweise Entspannungsverfahren wie das Autogene Training, Yoga oder die Progressive Muskelentspannung. Auch ständige seelische Diskrepanzen sind unserer Gesundheit alles andere als zuträglich.

Nichtstun ist wertvoll. Doch wir haben es verlernt, weil wir nicht mehr aus dem immer schneller werdenden Alltag ausbrechen können. Doch die Zeit der Entspannung ist so wichtig wie die Luft zum Atmen. Wie meinte schon Abraham Lincoln? „Halte dir jeden Tag 30 Minuten für deine Sorgen frei und in dieser Zeit mache ein Nickerchen." Ich persönlich pflege mein tägliches Entspannungsritual, indem ich mich für eine unbestimmte Zeit auf die Couch lege, ein Hörbuch starte und die Augen schließe. Manchmal sind es auch Phantasiereisen auf CD, eine geführte Meditation oder einfach nur ein klassisches Violinenkonzert. Es ist inzwischen sogar wissenschaftlich belegt, dass beruhigende und harmonische Musik

Stresshormone sinken lässt, die Endorphinausschüttung ankurbelt und sogar das Immunsystem stärkt. Wichtig ist es, diesen Ritus ohne Zeitdruck zu zelebrieren, sonst bringt es nichts.

Wie bereits im Kapitel „Bewegung als elementare Voraussetzung für ein gesundes Leben“ beschrieben, gehören Bewegung und moderater Sport ebenso zu einer basischen Lebensweise wie Entspannung und eine basenreiche Ernährung.

Waldbaden

Waldgänge klären die Gedanken. In Japan gilt Waldbaden als Medizin, sogar einen eigenen Begriff hat man dafür definiert: *Shinrin Yoku* - Waldbad. In mehreren Studien hat Qing Li, Professor für Umweltimmunologie, gemeinsam mit japanischen und koreanischen Kollegen bewiesen, dass bereits ein kurzer entspannter Spaziergang durch den Wald einen positiven Einfluss auf unsere Gesundheit hat. Im Wald steige die Zahl der Killerzellen und das Immunsystem verbessere sich, schreiben die Wissenschaftler. Blutdruck, Kortisol und Puls gehen auf Sinkflug – „schon nach einer Stunde im Wald“. Bäume zu betrachten tut gut, aber auch das Mikroklima hat einen Effekt. „*Wir wissen, dass Menschen im grünen Umfeld schneller gesund werden*“, weiß auch Angela Schuh, Professorin für Medizinische Klimatologie an der Ludwig-Maximilians-Universität in München.

Bereits seit den 1980er Jahren untersuchen Wissenschaftler ganz seriös das Phänomen „Biophilia-Effekt“ - der Interaktion zwischen Mensch und Natur. Selbst vor Krebs soll er schützen. Bereits der Anblick eines Baumes aus dem Krankenhausfenster sorgt dafür, dass Patienten schneller genesen als welche, die auf karge Wände oder Betonflächen starren, wie der schwedische Arzt Roger Ulrich bereits 1980 belegen konnte, sogar das Wissenschaftszeitschrift „Science" berichtete darüber.

Welches Mysterium geht da im Wald vor sich, das sich wie eine heilende Hand über uns legt? Biologen fanden heraus, dass Pflanzen im Wald miteinander „kommunizieren", wobei sie chemische Verbindungen aussenden, die sogenannten „Terpene". Mit diesen kleinen Kohlenstoff-Wasserstoffverbindungen warnen sie sich gegenseitig vor Angreifern, worauf die Pflanzen ihre „Immunsysteme" hochfahren. Ganz schön schlau, oder? Derweil sind ca. 40.000 dieser „Pflanzenvokabeln" bereits entschlüsselt worden und auch wir Menschen empfangen diese Signale, wenn wir durch den Wald gehen und auch unser Immunsystem reagiert darauf, indem es aktiv wird. Das haben Forscher der Nippon Medical School in Tokio herausgefunden.

Regelmäßige Waldspaziergänge unterstützen also eine basische Lebensweise, indem sie für ein starkes Immunsystem und die dringend benötigte Entspannung sorgen.

Übungen, die immer funktionieren, um in weniger als 5 Minuten in Entspannung zu kommen

Zu viel Nachrichten geschaut? Jemand nimmt Ihnen die Vorfahrt? Man wagt es, Sie zu Unrecht zu kritisieren? Bekannte Situationen, die regelmäßig dazu einladen, um aus der Haut zu fahren? Leichte Erregbarkeit steigert sich zum Wutausbruch und man kann förmlich spüren, wie einem das Messer in der Hose aufgeht. Dabei ärgern wir uns meist völlig umsonst. Denn: Wer ärgert wen? Wir uns selbst! Auch wenn es besser ist, Stressmomente gar nicht erst entstehen zu lassen, ist es manchmal unvermeidlich, Trick 17 im Ärmel zu haben. Denn auch Hektik im Alltag kann Stress bedeuten, der unserer Gesundheit abträglich ist. Ein hervorragender natürlicher Absacker, den ich mir bereits vor Jahren angewöhnte um mich vor ungewollter Implosion zu schützen, ist richtiges Atmen.

Richtiges Atmen

Es ist eine fantastische Methode, um in Nullkommanichts in Entspannung zu kommen und den kleinen Teufel im Kopf abzubügeln. Sie können es jederzeit und überall vollziehen, ohne irgendein Equipment. Das Atmen hängt eng mit unserer geistigen Haltung zusammen. Sind wir erzürnt oder arg gestresst, atmen wir schnell und flach. Sind wir entspannt, atmen wir hingegen langsam und tief. Durch die Brücke zwischen Geist und Körper lässt sich dieser Effekt auch umkehren. „Atmen wir langsam und tief, werden wir entspannter und gelassener."

Es ist erstaunlich, denn der Körper hat gar keine andere Wahl, als zur Ruhe zu kommen, wenn man ruhig atmet. Kluge Köpfe haben das richtige Atmen perfektioniert, um in eine schnelle Entspannung zu kommen:

Atmen Sie tief in den Bauch ein.
Versuchen Sie nun die Luft so lange anzuhalten, wie Sie zum Einatmen benötigten.
Atmen Sie nun wieder bewusst genauso lange aus.

Ein anderer Atem-Trick, der ähnlich funktioniert:

Atmen Sie tief in den Bauch ein.
Versuchen Sie danach etwa doppelt so lange auszuatmen, wie Sie eingeatmet haben.

Durch die längere Ausatmung wird der Körper gezwungen, im nächsten Schritt etwas länger und tiefer einzuatmen. So wird der Atem kontinuierlich tiefer und der Körper und somit auch Geist werden entspannter.

Zeitlupe

Wenn sich Anspannung breit macht und Aufregung hochzukochen droht, dann machen Sie in den nächsten 60 Sekunden alles in Zeitlupe. Das konzentrierte Runterschalten stoppt das Gedankenkarussell und verschafft Körper und Geist augenblicklich Entspannung. Die 60 Sekunden sind übrigens keine starre Vorgabe, Sie können den Zeitraum nach Belieben ausdehnen.

Shiatsu to go

Diese Übung ist ebenfalls ein schneller Entspannungshelfer in stressigen Situationen. Legen Sie hierzu den rechten Mittelfinger zwischen Daumen und Zeigefinger der linken Hand (Zeigefinger oben, Daumen unten). Die beiden Finger der linken Hand massieren jetzt den Mittelfinger. Zählen Sie bis 15 und wechseln Sie die Hände.

Führen Sie diese Übung zwei Mal komplett durch.

Übersäuerung richtig messen

Die meiste überschüssige Säure, die sich im Körper von Erwachsenen messen lässt, stammt aus der von ihm aufgenommenen Nahrung. Bei ihrer Verdauung wird die Nahrung auf zellulärer Ebene in kleinste Untereinheiten aufgespalten, die aufgrund ihrer biochemischen Eigenschaften in der Zelle als Säure oder Base wirken. Darum werden auch Nahrungsmittel, die auf den ersten Blick weder Säure vermuten lassen noch solche enthalten bzw. sauer schmecken, als „säurebildend" bezeichnet. Dazu zählen beispielsweise tierische Eiweiße (Fleisch- und Milchprodukte), sowie auch einige wenige pflanzliche Eiweiße aus Hülsenfrüchten wie Soja oder Bohnen. Auch stark zuckerhaltige und industriell verarbeitete Lebensmittel gehören zu den Säurebildnern.

Aber auch Krankheiten wie Diabetes, Autoimmun-, Nieren-, Herz- und Lungenerkrankungen; ungesunde Lebensumstände wie andauernder Stress, Trauer etc. oder mangelnde körperliche Aktivität, Nikotinkonsum, Medikamente, Alkoholmissbrauch oder eine zu geringe Flüssigkeitsaufnahme können den Säure-Basen-Haushalt massiv stören und ihn in ungesunde Dysbalance bringen.

Es gibt verschieden Arten, den pH-Wert des Körpers zu ermitteln. Eine sehr genaue Methode ist das Messen des pH-Wertes des arteriellen Blutes durch den Hausarzt. Mithilfe dieses Wertes kann mit hoher Sicherheit die Gesamt-pH-Situation des Körpers gezielt festgestellt werden. In der Regel zapft der Arzt dazu arterielles Blut aus der Fingerbeere oder dem Ohrläppchen und bestimmt mit Hilfe eines Teststreifens sowie eines speziellen Gerätes den pH-Wert.

Der Vorteil dieser Methode ist die Präzision und das Tempo der Messung. Ein Nachteil besteht darin, dass der pH-Wert des Blutes bei einer sich langsam entwickelnden Übersäuerung einer der letzten Werte ist, der sich verändert. Das Blut bildet das Reservoir des Körpers zur Pufferung von pH-Wert Schwankungen, sodass ein dort veränderter Wert erst auftritt, wenn bereits eine schwere pH-Störung eingetreten ist.

Eine weitere Möglichkeit ist das Messen des pH-Wertes des Urins durch den Patienten selbst. Dazu sind in der Apotheke Teststreifen erhältlich, die Zuhause eigenständig genutzt werden können. Diese Methode ist günstig und wirklich simpel. Es sollte jedoch darauf geachtet werden, dass der pH-Wert des Urins stark im Tagesverlauf schwankend sein kann, je nach Trinkmenge und körperlicher Aktivität. Daher ist es angeraten, die Messung zu festgelegten Uhrzeiten an mehreren aufeinander folgenden Tagen durchzuführen, um einen Durchschnittswert zu ermitteln.

Zur Messung wird das pH-Papier entweder direkt für eine Sekunde in den Urinstrahl gehalten, oder aber man sammelt den Urin in einem Behältnis und taucht den Streifen dann hinein. Die Farbveränderungen auf dem Papier können Sie nun mit der Farbskala, die dem Papier beigefügt ist, abgleichen und Ihren pH-Wert bestimmen.

Eine einzige Messung jedoch ist alles andere als aussagekräftig. Der pH-Wert des Urins ändert sich, im Gegensatz zum pH-Wert des Blutes, im Laufe des Tages ständig. Werte von 5,0 - 8,0 sind alles andere als selten. Doch Vorsicht: Dies lässt noch lange keine Rückschlüsse auf eine chronische Übersäuerung zu, sondern tritt sogar bei Menschen mit gesunder Säure-Basen-Balance auf.

Am Morgen bewegen sich die Werte im sauren Bereich bei 5,0 - 6,5. Erst nach den Mahlzeiten wird der Wert steigen, vor allem dann, wenn Sie sich basisch ernähren.

Hierzu sollten Sie über den Zeitraum von einigen Tagen mehrere Messungen täglich durchführen und die Ergebnisse sorgfältig in einem Diagramm protokollieren. Die Zeiten für die Mahlzeiten sind nicht starr und richten sich selbstverständlich nach Ihren eigenen Bedürfnissen. Insbesondere die erste und letzte Messung können im unteren Bereich liegen - kein Problem, Schwankungen sind im Tagesverlauf ganz normal- nach den Mahlzeiten jedoch sollten die Ergebnisse Richtung 7,4 tendieren oder höher. Der Säuregehalt des Urins schwankt in Abhängigkeit der Nahrung, der Psyche und der Tageszeit. Analog zur Leberaktivität werden in der zweiten Nachthälfte zusätzlich Säuren ausgeleitet, weshalb der 1. Morgen-Urin einen leicht sauren pH-Wert aufzeigen sollte. Das beweist, dass die Säuren, die sich während der Nacht im Stoffwechsel gebildet haben, auch tatsächlich ausgeschieden werden. Messungen sollten eine Auf- und Abbewegung bzw. einen Kurvenverlauf ergeben. Es kommt nicht zwangsläufig darauf an, wie hoch die Schwankungen sind, sondern dass Schwankungen überhaupt da sind, was zeigt, dass der Körper über eine natürliche Regulierung des Säure-Basen-Haushalts verfügt. Ständig basischer Urin könnte auf eine massive Störung im Organismus hinweisen.

Das sind gesunde Werte:

- morgens zwischen pH 6,2 - 6,8
- abends zwischen pH 6,8 - 7,4

Messzeiten:

- Vor dem Frühstück (5.30 - 7.00 Uhr)
- Nach dem Frühstück (ca. 2 Stunden später)
- Vor dem Mittagessen (12.00 Uhr - 13.00 Uhr)
- Nach dem Mittagessen (ca. 2 Stunden später)
- Vor dem Abendessen (17.30 Uhr - 19.30 Uhr)
- Nach dem Abendessen (ca. 1-2 Stunden später)
- Vor dem Zubettgehen

Ein Rückschluss auf den Säurewert des Blutes und darauf, ob ein Patient auch tatsächlich „übersäuert“ ist, ist mit dem Urin-Test jedoch nicht möglich. Es wird lediglich ermittelt, wie viel saure Substanzen beim letzten Wasserlassen aus dem Körper gespült wurden. Saurer Harn ist kein Hinweis auf eine Übersäuerung des Körpers, sondern darauf, wie gut die körpereigenen Regulationssysteme funktionieren.

Der Test zeigt auch, dass vegetarische Ernährung tendenziell zu basischen, Fleischverzehr zu sauren pH-Werten führt, was wir aber sowieso bereits wissen. Die wohl wichtigste Frage für den Patienten kann der Test jedoch nicht beantworten: Verfügt der Körper (noch) über ausreichend Pufferkapazitäten, um einem Säureüberschuss vorzubeugen?

Der Säure-Basen-Test nach Sander

Der Wissenschaftler Friedrich Sander hat bereits 1953 eine Methode entwickelt, um den Grad der Übersäuerung im menschlichen Körper zu bestimmen und gleichzeitig festzustellen, wieviel Pufferkapazität da ist, um Säuren zu neutralisieren und auszuscheiden. Dazu müssen an dem Tag der Messung 5 Urinproben um 6.00, 9.00, 12.00, 15.00 und 18.00 Uhr gesammelt werden. Im Labor werden dann neben der Messung des pH – Wertes noch die Messzahlen für die Pufferkapazitäten (Aziditätsquotient) berechnet und in Form einer Messkurve als Tagesprofil dokumentiert.

Bei einem Stoffwechselgesunden wird man bei dem Säure-Basen- Test nach Sander in etwa dieses Profil erkennen:

Im ersten Morgenurin um 6.00 Uhr werden die in der Nacht im Stoffwechsel produzierten Säuren ausgeschieden. Jede Mahlzeit bei einem 3-Mahlzeiten-Rhythmus erzeugt durch die Aktivierung der basischen Verdauungssekrete aus Dünndarm, Leber und Bauchspeicheldrüse ein sogenanntes „Basenfluten“, bei dem dann der Urin gegen 9.00 und 15.00 Uhr basisch wird. Gegen 18.00 Uhr ergibt sich wieder ein Säureüberschuss, der durch die nachmittags ablaufenden Stoffwechselprozesse entsteht.

Das bedeutet, dass ein gesunder Mensch einen physiologisch abwechselnden Rhythmus von Säure- und Basen- Ausscheidung zeigt. Wenn der Urin nur basisch wäre, dann hätte die Niere keine Möglichkeit, immer anfallende Säuren aus den Organen und dem Bindegewebe auszuscheiden. Patienten mit einem gestörten Säure-Basen-Haushalt reagieren dann mit einer Säure- oder Basenstarre.

Mit diesem Test hat der Arzt ein probates Mittel, gezielt mit verschiedenen Verfahren gegen die Gewebs– oder Organazidose zu praktizieren.

Schlackenstoffe richtig ausleiten und zahlreiche Beschwerden lindern

Schulmediziner reagieren verstört, wenn sie mit dem Begriff „Schlackenstoffe“ konfrontiert werden. Die wissenschaftliche Medizin bestreitet zwar nicht, dass der Körper mit der Nahrung Giftstoffe aufnimmt und im Stoffwechsel giftige Zwischen- und Endprodukte anfallen. Derartige Stoffe werden, ggf. nach Umwandlungen in der Leber, über Galle und Harn ausgeschieden oder erst gar nicht im Darm aufgenommen. Solange die beteiligten Organe gesund sind, werden unterstützende Maßnahmen für diese Funktionen als „nicht notwendig“ erachtet.

Überhaupt sind die Themen „Detox“, „Entschlackung“ oder „Baseneinlauf“ aus schulmedizinischer Perspektive völliger Kokolores. Demnach gibt es nach fast einhelliger Ansicht von

„Experten“ keine Abfallstoffe, von denen der Körper befreit werden müsste, dies schafft er ihrer Meinung nach von ganz allein. Bei einem Großteil der (gesunden) Bevölkerung mag es zutrefflich sein, dass es noch zu keiner gesundheitlichen Schieflage gekommen ist. Doch bei immer mehr chronisch Kranken ist dies eben nicht so.

Bei so viel Expertise kann man schon mal übersehen, dass es bei vielen, vor allem eben diesen chronisch kranken Menschen, zu erstaunlichen gesundheitlichen Verbesserungen kommt, wenn entsprechende alternativmedizinische Verfahren herangezogen werden.

Und wo die Schulmedizin - ja man muss es so sagen- einfach nicht mehr zu bieten hat, als Symptome zu kaschieren.

Die Erfahrungsmedizin hingegen versucht eine ursächliche Herangehensweise und die vielfach positiven Resultate der Anwender sprechen für sich. So kann ein sogenannter „Baseneinlauf“, bei dem der Darm von belastenden Schlackenstoffen gesäubert wird, entgiftend und regelrecht befreiend wirken, obwohl die Anwendung an sich, zugegebenermaßen, wenig elegant ist. So kann eine Darmspülung unmittelbare Erleichterung bei Kopfschmerzen und Erkältung bringen, Schmerzen lindern, Fieber senken und sogar Allergien reduzieren. Im Rahmen einer Entsäuerungskur ist ein Baseneinlauf ein oft angewandtes Procedere, um ein Stück mehr Wohlbefinden zu erlangen. Und das Beste ist: Man kann es wirklich günstig und einfach zuhause mithilfe eines sogenannten Irrigators durchführen. Selbigen erhalten Sie in Ihrer Apotheke.

Der Baseneinlauf bietet zwei Vorteile - erstens nimmt der Darm Basen auf und verteilt diese auf den Körper. Zweitens können säurebedingte Analbeschwerden spürbar abgemildert werden. Einläufe zur Giftausscheidung über den Darm wurden bereits zu Zeiten eingesetzt, als die Menschheit noch nicht annähernd so vielen Umwelttoxinen ausgesetzt war wie heute. Dabei werden die im Darm vorhandenen gärenden und faulenden Prozesse durch den Einlauf gebremst und die Toxine nebst pathogenen Keimen ausgespült. Es gibt sehr viele Situationen, in denen ein Einlauf kurzfristig Erleichterung schenken kann – bei Kopfschmerzen zum Beispiel oder bei Blähungen und bei fiebrigen Erkältungen. Bei chronischen Beschwerden hingegen sollten Einläufe nicht nur einmal, sondern besser regelmäßig, und dann am besten im Rahmen einer Darmsanierung, durchgeführt werden.

Bei der Verwendung eines Irrigators empfiehlt sich die Zugabe von 3 g Natriumbicarbonat oder einem gehäuften Teelöffel Bullrichsalz bzw. Kaiser Natron Pulver auf 500-750 ml körperwarmes Wasser. Auch beruhigende Kräutertees oder Bentonit-Wasser sind sehr empfehlenswert. Benutzen Sie den Irrigator wie in der Gebrauchsanleitung beschrieben. Bleiben Sie, während sich das Wasser im Darm befindet, liegen und entleeren erst, sobald Sie das Gefühl verspüren, es nicht länger halten zu können.

Die Menge der Flüssigkeit, die man in den Darm einlaufen lässt, hängt auch vom Darmzustand ab. Ein verkrampfter oder verstopfter Darm nimmt zunächst nicht sehr viel Flüssigkeit auf, sodass sich schon nach einem viertel oder halben Liter ein unangenehmer Druck aufbauen kann. Fragen Sie auch Ihren Arzt oder Apotheker, ob der Baseneinlauf wegen etwaiger Erkrankungen vielleicht nicht infrage kommt. Unbedingt verzichten sollten Sie auf den Einlauf, wenn Sie unter Analfissuren, Hämorrhoiden, Darmblutungen oder Darmverschluss leiden. Auch Schwangere sollen keine Darmspülungen vornehmen.

Was ist der Unterschied zwischen basischer Ernährung und basenüberschüssiger Ernährung?

Vielleicht haben Sie sich auch schon gefragt, warum oft von einer „basenüberschüssigen“ und nicht von einer „basischen“ Ernährung geschrieben wird. Das liegt ganz einfach daran, dass eine basische Ernährung nicht als Dauerernährung zu empfehlen ist. Die rein basische Ernährung eignet sich hervorragend für eine Entschlackungskur, für das Basenfasten oder auch parallel zu einer Darmreinigung, Entgiftungskur oder Entsäuerung.

Die basische Ernährung ist also eher etwas für kurzfristige Aktionen, z. B. für die Dauer von vier bis zwölf Wochen. Als dauerhafte optimale Ernährung ist die ***basenüberschüssige Ernährung*** jedoch deutlich sinnvoller und auf lange Sicht auch gesünder.

Die basenüberschüssige Ernährung besteht nämlich nicht nur aus basischen Lebensmitteln, sondern auch aus säurebildenden Lebensmitteln, denn nicht alle säurebildenden Lebensmittel sind per se ungesund. Natürlich gehören die schlechten und ungesunden Säurebildner nicht zu einer basenüberschüssigen Ernährung. Die guten Säurebildner sollten jedoch regelmäßig die Mahlzeiten bereichern und ergänzen.

Demnach ist es nicht nur wichtig, die basischen von den säurebildenden Lebensmitteln unterscheiden zu können, sondern auch die guten säurebildenden und die schlechten säurebildenden Lebensmittel auseinander halten zu können.

Welche Lebensmittel den Darm ramponieren – und was ihn schützt

Basische Ernährung, oder vielmehr eine basenüberschüssige Ernährung, ist kein Trend, auf den man mal eben aufspringt, weil es gerad „hip“ ist. Es ist inzwischen nicht nur einmal wissenschaftlich erwiesen worden, dass die Ernährung maßgeblich unser Immunsystem beeinflusst, denn in der Darmschleimhaut sitzen ca. 70 % unserer Immunabwehrzellen. Die Darmbakterien „sprechen“ permanent mit unserem Immun- und Nervensystem, das richtige Essen sorgt also für eine gesunde Balance des Mikrobioms im Darm.

Mit dem „Gewusst wie“ haben Sie einen der mächtigsten Hebel überhaupt zur Verfügung, um nicht nur gesund zu bleiben, sondern im Idealfall sogar viele Jahre Lebenszeit „rauszuschlagen“.

So wie der Mensch auch, wollen unsere Darmbakterien gut „essen“. Mästen wir mittels darmschädigender Nahrung jedoch die falschen, werden sich selbige irgendwann gegen uns stellen - wir werden krank. Denn füttern wir unsere Darmbakterien nicht richtig, beginnen diese irgendwann damit, Löcher in die Darmschleimhaut zu „fressen“.

Einfache Zucker aus Weißmehl, raffinierte Zucker, Gepökeltes, Geräuchertes, stark verarbeitete Wurstwaren sowie denaturierte und stark industriell verarbeitete Lebensmittel, die ihrer natürlichen Vitalstoffe durch chemisch-mechanische Präparationsprozesse beraubt wurden, wirken in zerstörerischer Weise auf unsere Darmschleimhaut, wenn sie in dem Maße konsumiert werden, wie es in der modernen westlichen Zivilisation die Regel ist.

Gepökeltes, Geräuchertes und stark verarbeitete Wurstwaren sind übrigens im Jahre 2015 auf der Liste der krebserregenden Stoffe gelandet, weshalb die Empfehlung gilt, nicht mehr als 500 Gramm rotes Fleisch pro Woche zu essen. Die Internationale Agentur für Krebsforschung (IARC), eine Einrichtung, die der Weltgesundheitsorganisation (WHO) zugehörig ist, stufte 2015 den Verzehr von rotem Fleisch in ihrer Monographie als „wahrscheinlich karzinogen für den Menschen“ (Gruppe 2A) ein.

Fleischwaren werden demnach sogar als definitives Gruppe 1-Karzinogen (qualitativ, aber nicht quantitativ) in die gleiche Kategorie wie Tabakrauchen eingestuft. 22 Experten aus zehn Ländern berichteten über Zusammenhänge von dem Konsum von rotem Fleisch und einem erhöhten Risiko von Kolorektalkarzinom, Pankreas- und Prostatakarzinom. Den Studien zufolge soll der tägliche Verzehr von Fleischwaren pro 50 Gramm das Risiko auf Kolorektalkarzinome um 18 % steigern. Für rotes Fleisch wurde pro 100 Gramm täglich ein Anstieg des Darmkrebsrisikos um 17 % festgestellt.

Die Gefahr für den einzelnen Menschen ist demnach zwar gering. Da jedoch in vielen Ländern die Mehrheit der Bevölkerung regelmäßig rotes Fleisch oder Fleischwaren konsumiert, seien die Ergebnisse für die öffentliche Gesundheit („Public health“) von Bedeutung, schreiben die Autoren in der medizinischen Fachzeitschrift Lancet Oncology (2015; doi: 10.1016/S1470-2045(15)00444-1). Die Studie können Sie übrigens im Internet unter http://monographs.iarc.fr/ENG/Monographs/vol114/mono114-F08.pdf nachlesen.

Inzwischen rudert die WHO zwar offiziell zurück, womit sie aber nichts als Verwirrung stiftet. Was denn nun? Fleisch ja oder nein? Und überhaupt: Würde eine erhöhte Darmkrebsrate von fast 20 % wegen Fleisch zutreffen, würden Nomadenvölker, die viel Fleisch essen, nicht einmal die Geschlechtsreife erreichen. Das meint zumindest der renommierte Lebensmittelchemiker Udo Pollmer. Ganz Unrecht hat er nicht. Zum einen liegt es wohl an der guten Qualität des Fleisches, welches die Nomaden konsumierten, zum anderen an den unbelasteteren Lebensräumen dieser Urvölker. Die alten Nomadenvölker aßen sicherlich kein Industriefleisch aus Massentierhaltung, sondern nur naturbelassenes Fleisch gesunder Tiere. Interessant dazu sind vor allem die Forschungen von Dr. Weston A. Price.

Dieser amerikanische Zahnarzt, frustriert von den zunehmenden Zahnschäden seiner Patienten, wollte bereits im vorigen Jahrhundert dem Geheimnis gesunder Ernährung auf die Spur kommen. Er ging davon aus, dass, wenn er Menschen fände, die vollkommen gesund wären und deren Ernährung studiere, dieses Mysterium zum Wohle seiner Patienten entschlüsseln zu können. Zu diesem Zweck bereiste er fast die ganze Welt, besuchte die Eskimos in Alaska, reiste zu den in Kanada angesiedelten Indianern, lebte bei den Ureinwohnern Australiens sowie auf den Hochtälern der Schweiz in nur extrem schwer zugänglichen Dörfern, studierte die Maoris in Neuseeland und Inselbewohner der Südsee, begab sich nach Asien in den Regenwald, bereiste abgelegen angesiedelte Stämme in Afrika, machte Bekanntschaft mit den alten Kulturen von Peru und untersuchte auch die Hebriden auf ihre Lebensgewohnheiten.

Alles Volksgruppen, die keine Karies kannten, keine deformierten und engen Zahnbögen aufwiesen und die kaum unter den uns bekannten Zivilisationskrankheiten wie Krebs, Arteriosklerose, Herzinfarkt oder Schlaganfall litten.

Trotz der zum Teil sehr einseitigen Ernährungsweise mancher Völker, beispielsweise die der Inuit, die zum Teil fast ausschließlich aus dem Fleisch ihrer Jagdbeute bestand, waren ihnen die gerade aufkeimenden westlichen Zivilisationskrankheiten absolut fremd.

Seine Entdeckungen zeigten: Dort, wo man sich noch ursprünglich und traditionell ernährte, war die Bevölkerung leistungsfähig, frei von Degenerationserscheinungen, nahezu immun gegen Karies, verfügte über korrekt ausgebildete Kiefer- und Beckenknochen. Diese Menschen waren nicht nur vollkommen gesund, sondern auch harmonisch in ihrer Erscheinung, freundlich, friedlich und guter Laune.

Ganz anders dagegen diejenigen, die aus ihren Dörfern in größere Städte umgesiedelt und so in Kontakt mit der Zivilisationskost gekommen waren.

Hier gab es dieselben gesundheitlichen Probleme wie in Amerika, der Zahnverfall war teilweise dramatisch, die Gewaltbereitschaft und die allgemeine Unzufriedenheit stiegen an.

Bei all seinen Reisen betrieb Price akribisch Forschungen, er fotografierte die offenen Münder der Einwohner, nahm Proben ihrer Nahrung, die er in amerikanischen Labors untersuchen ließ und konnte seine Erkenntnisse in zahlreichen Tier- und Menschenversuchen wissenschaftlich bestätigen. Immer wieder konnte belegt werden, dass vollwertige Nahrung gemäß der in der jeweiligen Region verfügbaren Lebensmittelquellen Gesundheit, Kraft und seelische Zufriedenheit spendeten. Wohingegen mit raffinierten Mitteln behandelte Lebensmittel wie weißes Mehl, Zucker oder Konserven zwar in der Lage waren, den Magen zu füllen, aber aufgrund seiner Mängel an Vitalstoffen zu den typischen Krankheitserscheinungen führten.

Es ist also gar nicht nötig, dass Sie völlig auf Fleisch und Fisch bzw. tierische Eiweiße und Fette verzichten. Nur sollten Sie Ihren Fokus dabei ganz genau auf deren natürliche Quellen haben. Essen Sie diese Säurebildner einmal in der Woche. Sie können es sich finanziell nun sogar leisten, Fleisch von besonders guter Qualität aus biologischer Zucht zu essen, denn dadurch, dass Sie 6 Tage in der Woche keine Wurst und kein Fleisch zu sich nehmen, haben Sie die finanziellen Mittel für gesünderes Fleisch quasi „über“.

Eine ausschließlich vegane Lebensweise mag trendy sein, doch als Ernährungsform ist sie möglicherweise defizitär und unnatürlich. Bezüglich des Konsums von tierischen Produkten ist weniger aber definitiv mehr und es zählt die Prämisse „Klasse statt Masse“.

Ihre tägliche Nahrung sollte also zu 70–80 % aus basischen Lebensmitteln bestehen. Ergänzt wird jedes Gericht mit 20–30 % guten Säurebildnern wie beispielsweise Vollkornprodukte, Haferflocken, Quinoa, Amaranth, Hülsenfrüchte, Nüsse, Tofu und Grüntee.

Die Wichtigkeit biologisch organischer Lebensmittel

Bei Fleisch und Fisch zeigt sich ein großer Qualitätsunterschied bei Produkten aus Massentierhaltung und biologischer Tieraufzucht. Wenn man sich vorstellt, mit welchen Antibiotikamengen und weiteren Medikamentencocktails z.B. Hähnchen in industriellen Legebatterien vollgestopft werden, dann vergeht einem schon allein bei diesem Gedanken daran der Appetit. Und dass dies nicht gesund sein kann, ist selbsterklärend.

Das gilt schon für gesunde Menschen, aber erst recht für diejenigen mit einer chronischen Erkrankung. Gerade hier sollte die Devise lauten, sich vorrangig von Bio-Lebensmitteln zu ernähren.

Schon manch Erkrankter konnte allein durch die Umstellung auf Biokost spürbare Verbesserungen erfahren. Dies ist gar nicht mal verwunderlich, wenn man die konventionelle Anbauweise von Obst und Gemüse etwas genauer unter die

Lupe nimmt. Eine große Gefahr geht von dem häufig verwendeten Kunstdünger aus, wenn dieser phosphathaltig ist. Von derartigem Dünger ist bekannt, dass er bleihaltig sein kann. Desweiteren besteht bei konventionellen Anbaubetrieben ein erhöhtes Risiko, dass die Böden cadmiumbelastet sind.

Als wäre das nicht schon genug Gefahrenpotential für die Gesundheit, warten Obst und Gemüse aus dieser Anbauweise häufig mit beachtlichen Mengen an Herbiziden, Fungiziden, Insektiziden und Pestiziden auf. Auch wenn die gesetzlich vorgegebenen Grenzwerte der jeweiligen Einzelsubstanz eingehalten werden, so mag man sich nicht vorstellen wollen, welch bunte Cocktails indes aus den einzelnen Substanzen zusammengemixt werden können. Und wer glaubt, diese durch gründliches Waschen loszuwerden, der täuscht sich leider sehr.

Bio-Nahrungsmittel zeichnen sich zudem durch eine signifikant höhere Menge an gesunden Vitalstoffen aus, da sie unserer Gesundheit zuträgliche pflanzliche Abwehrstoffe (Polyphenole) gegen Insekten und Krankheitserreger, wie z.B. diverse Pflanzenpilze, selbst bilden müssen. Es ist inzwischen vielfach belegt, dass biologisch erzeugte Nahrungsmittel gravierend weniger Schadstoffe enthalten als konventionelle Nahrungsmittel. Denn im ökologischen Landbau sind künstliche Chemikalien wie Unkrautvernichtungsmittel, Insektenvernichtungsmittel oder Phosphat- und Stickstoffdünger (enthalten giftiges Uran und Cadmium) verboten. Zudem sind genveränderte Nahrungsmittel mit ihren sehr hohen Gesundheitsrisiken im biologischen Landbau nicht zugelassen. Auch die Qualität des Bodens wird verbessert, das Trinkwasser weniger mit Rückständen aus Pflanzenschutzmitteln und Phosphatdünger belastet.

Es kann also bei einer schwerwiegenden Erkrankung gar nicht genug darauf verwiesen werden, wie wichtig eine wirklich gesunde Ernährung basierend auf Bio-Produkten für den Gesundungsprozess ist. Längst befassen sich auch Studien mit dieser Thematik, bei denen besonders der höhere Gehalt an Antioxidantien im Fokus steht. So wurde Studien zufolge schon nach einer nur 30-tägigen Ernährungsumstellung eine positive Wirkung auf das Blut beobachtet, Triglyceridwerte und Erinnerungsvermögen verbesserten sich, Blutdruck und Cholesterinwerte sanken.

Gab es Bioprodukte bis vor wenigen Jahren noch ausschließlich in Bioläden, so hat der Bio-Boom inzwischen dazu geführt, dass sie auch in den meisten Supermärkten erhältlich sind. Sogar bekannte Discounter verfügen über eine große Palette.

Doch ist Bio gleich Bio? Ist das, was man als Biolebensmittel im Discounter kauft, genauso werthaltig wie Produkte im Bioladen? Und ist tatsächlich auch Bio drin, wo Bio draufsteht? Der Bio-Boom in Deutschland hat leider zu einigen bedenklichen Entwicklungen geführt. So manche Stichprobe ergab sogar, dass nicht überall Bioqualität enthalten war, obwohl diese als Biolebensmittel gekennzeichnet waren.

Es ist bekannt, dass viele qualitätsbewusste Endverbraucher bereit sind, deutlich mehr Geld für Bio-Produkte auszugeben. Dies weckt Begehrlichkeiten und öffnet so mancher Gaunerei Tür und Tor. Nicht nur im Inland, sondern auch im Ausland. Denn längst kann die riesige Nachfrage nach Bioprodukten in Deutschland nicht mehr allein von hiesigen Unternehmen gedeckt werden. Es ist ein offenes Geheimnis, dass viele Bioprodukte inzwischen weite Wege zurücklegen, um den Biobedarf mit den lukrativen Gewinnmargen in Deutschland decken zu können. So kommen die meisten Bio-Sonnenblumenkerne aus China und Bio-Tomaten aus Spanien.

All das hat seinen Preis, was bei vielen Menschen mit einer chronischen Erkrankung dazu führt, dass sie sich Bio-Lebensmittel kaum leisten können. Da muss die Frage gestattet sein, wie es in einem Land mit so viel Wohlstand zum Privileg werden konnte, sich naturbelassene Nahrungsmittel leisten zu können? Selbst die armen Leute aus vorindustriellen Epochen konnten sich gesünder ernähren als wir heutzutage. Aber es gibt zum Glück einige Mittel und Wege, sich dennoch mit möglichst naturbelassener und organisch wertvoller Kost zu ernähren.

Selbstanbau ist eine der einfachsten Maßnahmen, preisgünstig und sicher Zugang zu Obst und Gemüse in Bioqualität zu bekommen. Selbst wer keinen eigenen Garten hat oder in einer Großstadt wohnt, kann Möglichkeiten nutzen, die sich immer mehr etablieren. So erfreuen sich Schrebergärten wachsender Beliebtheit, ebenso auch das Gardening auf dem eigenen Balkon oder auf der Fensterbank. Besonders interessant erscheint in diesem Kontext eine neue Entwicklung, die sich seit Kurzem in einigen Städten zeigt, in denen auf öffentlichen Flächen Obst- und Gemüseanbau zulässig ist. Als ein Vorreiter für das sogenannte „Urban-Gardening-Projekt" in Deutschland gilt die Stadt Andernach, in der Gemeinschaftsgärten mit Obst und Gemüse in öffentlichen Parks und Grünanlagen betrieben werden.

Greifen Sie auf Lebensmittel aus dem Konsum zurück, so achten Sie auf einige Kriterien: Produkte, die lediglich das EU-Biosiegel tragen, sind nicht so hochwertig wie Nahrungsmittel mit den Bio-Siegeln von Anbauverbänden wie Demeter, Naturland, Bioland oder AGÖL.

Lebensmittelliste: Basenbildendes Obst und Gemüse

Äpfel	Heidelbeeren
Apfelsinen	Himbeeren
Algen	Honigmelonen
Ananas	Ingwer
Aprikosen	Johannisbeeren
Artischocken	Kartoffeln
Auberginen	Kirschen
Avocado	Kiwis
Bananen	Knoblauch
Birnen	Kohlrabi
Blumenkohl	Kokosnuss
Bohnen, grün	Kopfsalat
Brokkoli	Kräuter
Chiasprossen	Kürbis
Chilischoten	Lauch
Chinakohl	Löwenzahn
Chicorée	Mandarinen
Chlorella	Mangold
Datteln, getrocknet	Mangos
Eichblattsalat	Meerrettich
Eisbergsalat	Möhren
Endivien	Nektarinen
Erbsen, frisch	Okraschoten
Erdbeeren	Oliven
Feigen, getrocknet	Papayas
Feldsalat	Paprikaschoten
Fenchel	Pastinaken
Frühlingszwiebeln	Petersilienwurzel
Grapefruit	Pfirsiche
Grünkohl	Pflaumen
Gurken	Preiselbeeren

Lebensmittelliste: Basenbildendes Obst und Gemüse

Radieschen
Rettich
Rhabarber
Romanesco
Rosenkohl
Rosinen
Rote Bete
Rotkohl
Rucola
Salat
Sauerampfer
Schwarzwurzel
Sellerie
Spitzkohl
Stachelbeeren
Steckrüben
Sternfrüchte
Süßkartoffeln
Tomaten
Wassermelonen
Weintrauben
Weißkohl
Wirsing
Zitronen
Zucchini
Zwiebeln

Getränke:
Basisches Wasser
Gemüsesaft, frisch gepresst
Kräutertees
Mandelmilch
Smoothies, grüne
Zitronenwasser

Sonstiges:
Alfalfasprossen
Avocadoöl
Basilikum
Bockshornklee-Sprossen
Brennnessel
Brokkoli-Sprossen
Brunnenkresse
Curry
Dill
Erdmandeln
Gerstengras
Hirsesprossen
Kapern
Kardamom
Kerbel
Kokosnussöl
Konjacnudeln
Koriander
Kresse
Kümmel
Kurkuma

Lebensmittelliste: Basenbildendes Obst und Gemüse

Sonstiges:
Löwenzahn
Lupinenmehl
Majoran
Mandelmus
Mandeln
Maroni
Melisse
Muskatnuss
Nelken
Oregano
Petersilie
Pfeffer
Pfefferminze
Rosmarin
Rucolasprossen
Safran
Salbei
Sauerampfer
Schnittlauch
Schwarzkümmel
Stevia, grün
Vanille
Weizengras
Weizenkeimlinge
Xylit
Zimt

Gute Säurebildner

Amaranth Buchweizen Bulgur Cashewnüsse Chiasamen Couscous aus Dinkel Dinkel Eier, Bio Erbsen, getrocknet Grüntee Hafer Haferdrink Haferflocken Haselnüsse Hülsenfrüchte Kamut Kichererbsen Kokosflocken Kürbiskerne Leinsamen Linsen Lupinenkaffee Mais Macadamianüsse Matchatee Mohn Paranüsse Quinoa Reisdrink Sesam Sonnenblumenkerne	Tofu Walnüsse

Basisches Müsli

Zutaten für 2 Personen:

- 1-2 reife Bananen
- 2 Äpfel
- 4 TL Erdmandelflocken
- ½ Zitrone, Saft davon
- 2 Walnüsse
- 2 getrocknete Datteln

Zubereitung:

Bananen in Scheiben schneiden.
Äpfel ungeschält vierteln, entkernen und in kleinere Stücke schneiden.

Walnüsse grob klein hacken und in einer beschichteten Pfanne anrösten.
Datteln klein schneiden.

Alle Zutaten in eine Schüssel geben und vermengen.

Hirse-Buchweizenbrei

Zutaten für 2 Personen:

- 4 EL Buchweizenflocken
- 4 EL Hirseflocken
- 1 Apfel
- 250 ml Mandelmilch
- 1 EL Rosinen
- 1 EL Sonnenblumenkerne
- 1 EL Mandeln

Zubereitung:

Buchweizen- und Hirseflocken in Mandelmilch einrühren und aufkochen. So lange rühren, bis die gewünschte Konsistenz erreicht ist.

Topf vom Herd nehmen.

Apfel schälen, entkernen und in grobe Stücke schneiden. Mit Rosinen, Mandeln und Sonnenblumenkernen in ein hohes Gefäß geben und mit einem Stabmixer pürieren.

Mit dem Brei verrühren.

Quinoa mit Himbeeren

Zutaten für 2 Personen:

- 1 Tasse Quinoa
- ½ EL Agavendicksaft
- 200 g Himbeeren
- 2 Tassen Hafermilch
- ½ TL Erdmandeln
- Zimt
- 1 Prise Salz

Zubereitung:

Milch in einem Topf erwärmen.
Quinoa waschen und in die Milch einrühren. Salz hinzugeben, auf mittlerer Hitze köcheln lassen bis Quinoa aufgequollen ist.

Topf vom Herd nehmen, Agavendicksaft und Himbeeren beimengen.

In zwei Schälchen verteilen, Erdmandeln und Zimt darüber streuen.

Erdmandelbrei

Zutaten für 2 Personen:

- 6 EL Erdmandelflocken
- 2 Bananen
- 1 Apfel
- 120 ml Mandelmilch
- 2 EL Rosinen
- Zimt

Zubereitung:

Mandelmilch mit Erdmandelflocken verrühren.

Bananen mit einer Gabel zerdrücken, Apfel in Würfel schneiden und mit Rosinen auf zwei Tellern verteilen.

Erdmandelmilch darüber geben.
Mit Zimt bestäuben.

Beeren-Buchweizenbrei

Zutaten für 2 Personen:

- 120 g Buchweizenflocken
- 100 g Heidelbeeren
- 100 g Himbeeren
- 1 EL gehackte Cashewnüsse
- 1 EL Kokosflocken
- 1 EL Mandelmus
- 100 ml Kokosmilch
- Wasser

Zubereitung:

Buchweizenflocken mit Cashewnüssen kurz anrösten, mit Wasser ablöschen und ca. 5 Minuten köcheln.

Mandelmus, Kokosflocken und Kokosmilch einrühren.

Mit Beeren anrichten.

Radieschen-Brot

Zutaten für 1 Person:

- 1 große Scheibe Vollkornbrot
- 2 Radieschen
- 1 EL fein gehackte Kresse
- 2 EL Magerquark

Zubereitung:

Brotscheibe mit Magerquark bestreichen.

Radieschen in Scheiben schneiden und auf der Brotscheibe verteilen.
Mit Kresse bestreuen.

Roher Buchweizenbrei

Zutaten für 2 Personen:

- 100 g Buchweizen
- 100 g Heidelbeeren
- 2 Datteln
- 4 Pekannüsse
- 50 ml Mandelmilch
- etwas Vanille

Zubereitung:

Buchweizen mit Wasser bedecken und über Nacht einweichen lassen.
Am nächsten Morgen das Wasser abgießen, Buchweizen im Sieb unter fließendem Wasser spülen und abtropfen lassen.

Datteln klein schneiden und Nüsse fein hacken.

Buchweizen, Mandelmilch und Datteln so lange mixen, bis die gewünschte Konsistenz erreicht ist.

Mit Vanille abschmecken und Heidelbeeren und Nüssen toppen.

Nuss-Müsli

Zutaten für 2 Personen:

- 8 EL Buchweizenflocken
- 1 EL Erdmandelflocken
- 10 g gehackte Walnüsse
- 10 g gehackte Cashewnüsse
- 2 EL gemahlene Haselnüsse
- 250 ml Mandelmilch
- 1 EL Rosinen
- 2 getrocknete Apfelringe
- 1 EL Honig

Zubereitung:

Apfelringe klein schneiden und mit Flocken, Nüssen und Rosinen vermischen.

Mandelmilch und Honig einrühren.

Möhren-Apfelbrei

Zutaten für 2 Personen:

- 2 Möhren
- 2 Äpfel
- 1 Banane
- 1 EL Mandeln
- 1 EL Rosinen

Zubereitung:

Möhren, Äpfel und Banane schälen und in grobe Stücke schneiden.

Mit Mandeln und Rosinen in ein hohes Gefäß geben und mit einem Stabmixer bis zur gewünschten Konsistenz pürieren.

Himbeer-Mandel-Pudding

Zutaten für 2 Personen:

- 25 g Chiasamen
- 250 ml Mandelmilch
- 1 TL Mandelmus
- 1 EL Mandelblätter
- 50 g Himbeeren
- 50 ml Wasser
- 1 TL Flohsamenschalenpulver

Zubereitung:

Mandelblätter in einer beschichteten Pfanne anrösten. Chiasamen in Mandelmilch aufkochen, unter Rühren leicht köcheln. In eine Schüssel geben und beiseitestellen.

Himbeeren in Wasser aufkochen, dann kurz köcheln. Abkühlen lassen und Flohsamen einrühren.

Mandelmus in den Pudding einrühren und cremig rühren und auf 2 Schälchen verteilen.
Himbeeren cremig rühren, über dem Pudding verteilen, mit Mandelblättern bestreuen.

Spirulina-Shake

Zutaten für 2 Personen:

- 1 Papaya
- 2 Bananen
- 1 Avocado
- 4 Datteln
- 1 Feige
- 700 ml Reismilch
- 2,5 TL Spirulinapulver

Zubereitung:

Avocado und Papaya halbieren, entkernen, schälen und in grobe Stücke schneiden.
Bananen, Datteln und Feige kleiner schneiden.

Alle Zutaten in ein hohes Gefäß geben und mit einem Stabmixer pürieren bis die gewünschte Konsistenz erreicht ist.

Hirse-Frühstücksbrei mit Apfel

Zutaten für 2 Personen:

- 150 g Hirseflocken
- 1 Apfel
- 1 TL Honig
- 600 ml Kokosmilch
- Zimt
- Wasser

Zubereitung:

Kokosmilch in einem Topf aufkochen, zwischendurch umrühren.
Hirseflocken mit etwas Zimt und Honig in die Kokosmilch einrühren.

Kurz köcheln lassen, dann die Herdplatte ausschalten und ca. 10 Minuten mit geschlossenem Deckel aufquellen lassen.
Apfel entkernen und auf einer Küchenreibe feinraspeln.

Nach Belieben etwas Wasser hinzugeben, falls der Brei zu dick ist.
Den Apfel unterziehen.

Beeren-Pudding

Zutaten für 2 Personen:

- 100 g gemischte Beeren
- 300 ml Reismilch
- 3 EL Chiasamen
- 2 EL Mandelmus
- 1 EL Kakaopulver
- 1/2 TL Vanillepulver

Zubereitung:

Bis auf die Beeren alle Zutaten miteinander verrühren.
Über Nacht im Kühlschrank aufquellen lassen.
Am nächsten Morgen die Beeren unterrühren.

Basisches Porridge

Zutaten für 2 Personen:

- 8 EL Erdmandelflocken
- 1 Banane
- 1 Apfel
- 2 getrocknete Feigen
- 200 ml Mandelmilch

Zubereitung:

Mandelmilch erhitzen und über die Erdmandelflocken gießen.
Kurz aufquellen lassen.
Banane mit einer Gabel zerdrücken und zum Porridge geben.

Apfel feinreiben.
Feigen kleinschneiden und mit Apfel und Porridge verrühren.

Gepoppter Frühstücksbrei

Zutaten für 2 Personen:

- 1 Apfel
- 1 Banane
- 2 EL Buchweizenpops
- 2 EL Amaranthpops
- 2 EL Hirsepops
- 250 ml Mandelmilch
- 1 EL Pinienkerne
- 1 EL Mandelblätter

Zubereitung:

Apfel und Banane in kleinere Stücke schneiden und mit etwas Wasser, Mandeln und Pinienkernen in einem Mixer pürieren.

Mandelmilch aufkochen, Hirse- und Buchweizenpops einrühren und so lange aufkochen und rühren bis die gewünschte Konsistenz erreicht ist.

Amaranthpops und Obstmasse in den Brei einrühren.

Müslimischung selbst gemacht

Zutaten für 2 Personen:

- 40 g Buchweizenpops
- 80 g Maiscornflakes (ohne Zucker)
- 80 g Hirseflocken
- 2 EL Erdmandelflocken
- 3 EL Rosinen
- 100 g fein gehackte Mandeln

Zubereitung:

Alle Zutaten in eine Schüssel geben und vermischen. Nach Belieben mit weiteren Zutaten wie z. B. Beeren, Bananen und Äpfeln ergänzen.

Feigen-Marmelade

Zutaten für 1 Portion:

- 300 g Feigen
- 2,5 EL Chiasamen

Zubereitung:

Feigen in kleinere Stücke schneiden und in einem Topf aufkochen lassen.
Chiasamen einrühren und 15 Minuten quellen lassen.

Aprikosen-Marmelade

Zutaten für 1 Portion:

- 250 g Aprikosen
- ½ EL Zitronensaft
- 1 TL Agar Agar

Zubereitung:

Aprikosen entsteinen und mit Zitronensaft erwärmen, aber nicht kochen. Mit einem Stabmixer pürieren.
Agar Agar hinzugeben, dann kurz sprudelnd aufkochen, dabei stetig rühren. Marmeladengläser heiß ausspülen, Marmelade einfüllen und zum Abkühlen auf den Kopf stellen. Im Kühlschrank aufbewahren und Marmelade zügig verzehren, weil sie nur kurze Zeit haltbar ist.

Nuss-Pesto

Zutaten für 1 Portion:

- 1 Bund Petersilie
- 20 g Erdnüsse
- 20 g Haselnüsse
- 20 g Walnüsse
- 40 ml Walnussöl
- 40 ml Erdnussöl
- 50 g Frischkäse
- 2 Knoblauchzehen
- 50 g Pecorino, gerieben
- Pfeffer
- Salz

Zubereitung:

Petersilie, Nüsse und Knoblauch fein hacken.
Nüsse in einer beschichteten Pfanne anrösten.

Etwas abkühlen lassen, dann mit Petersilie, Frischkäse, Knoblauch, Walnussöl und Erdnussöl in ein hohes Gefäß geben und mit einem Stabmixer pürieren.

Pecorino unterrühren und mit Salz und Pfeffer abschmecken.

Basilikum-Pesto

Zutaten für 1 Portion:

- 80 g Basilikum, frisch
- 10 grüne Oliven, entkernt
- 4 EL Cashewkerne
- 5 EL Leinöl
- 3 Knoblauchzehen
- Muskat
- Pfeffer
- Salz

Zubereitung:

Basilikum, Oliven, Cashewkerne und Knoblauch feinhacken. Mit Leinöl, Muskat, Salz und Pfeffer in ein hohes Gefäß geben und mit einem Stabmixer pürieren.

Bärlauch-Pesto

Zutaten für 1 Portion:

- 200 g Bärlauch
- 100 g Mandeln, abgezogen
- 5 EL Olivenöl
- Pfeffer
- Salz

Zubereitung:

Bärlauch klein schneiden und mit Mandeln und Öl in einem Stabmixer pürieren. Mit Pfeffer und Salz abschmecken.

Bärlauchaufstrich

Zutaten:

- 200 g Bärlauch
- 120 g Mandeln, enthäutet
- 4 EL Sesamöl
- Salz

Zubereitung:

Mandeln mit Öl in ein hohes Gefäß geben und mit einem Stabmixer pürieren. Bärlauch hinzugeben und weiter mixen, bis die gewünschte Konsistenz erreicht ist. Mit etwas Salz abschmecken.

Grünkohl-Pesto

Zutaten für 1 Portion:

- 100 g Grünkohl
- 60 g Haselnüsse
- 80 ml Olivenöl
- 50 g Frischkäse
- 2 Knoblauchzehen
- Pfeffer, Salz

Zubereitung:

Grünkohl, Knoblauch und Haselnüsse fein hacken.
Mit Olivenöl, Frischkäse, Salz und Pfeffer in ein hohes Gefäß geben und mit einem Stabmixer pürieren.

Avocado-Brotaufstrich

Zutaten:

- 1 essreife Avocado
- ½ Zwiebel
- 1 TL Zitronensaft
- Salz

Zubereitung:

Zwiebel fein hacken. Avocado-Fruchtfleisch mit einer Gabel zerdrücken und mit den weiteren Zutaten vermengen.

Körniges Dinkelbrot

Zutaten für 1 Portion:

- 500 g Dinkelmehl, Typ 630
- 100 g Leinsamen
- 50 g Kürbiskerne
- 50 g Sonnenblumenkerne
- 500 ml lauwarmes Wasser
- 1 Pck. Weinsteinbackpulver
- ½ TL Salz
- Olivenöl

Zubereitung:

Mehl mit Weinsteinbackpulver, Leinsamen, Kürbiskernen, Sonnenblumenkernen und Salz mischen.

Wasser hinzugeben und alles mit der Hand zu einem Teig kneten.
Backform mit Öl bestreichen, Teig hineingeben.

Oberfläche des Teigs mit etwas Wasser bestreichen.
In den kalten Backofen geben und 60 Minuten bei 200 °C backen.

Maisbrötchen

Zutaten für 4 Brötchen:

- 150 g Maismehl
- 50 g Buchweizenmehl
- 2–3 EL Butter
- 1 Pck. Weinsteinpulver
- Wasser
- Salz

Zubereitung:

Alle Zutaten in eine Schüssel geben und zu einem Teig verarbeiten.

Den Teig portionsweise auf ein mit Backpapier belegtes Blech geben.

Im vorgeheizten Backofen ca. 20 Minuten bei 220 °C backen.

Quinoa-Zucchini-Brot

Zutaten für 1 Portion:

- 1 Zucchini
- 200 g Quinoamehl
- 100 g Dinkelmehl, Typ 630
- 100 ml Mandelmilch
- 2 Eier
- 1 Pck. Weinsteinpulver
- 5 EL Olivenöl
- ½ TL Salz

Zubereitung:

Mehl mit Weinsteinpulver und Salz mischen.
Zucchini raspeln und mit Eiern zum Mehl geben.

Nach und nach Milch und Öl einrühren und zu einem sämigen Teig verarbeiten. Etwas Wasser hinzugeben, wenn der Teig zu fest ist.

Kastenform mit Backpapier auslegen, Teig darin verteilen. Im vorgeheizten Backofen ca. 50 Minuten bei 180 °C backen. Brot in der Backform abkühlen lassen.

Buchweizenknäckebrot

Zutaten für 1 Portion:

- 200 g Buchweizensprossen
- 1 TL Rosmarin, getrocknet, Salz

Zubereitung:

Buchweizensprossen im Mixer feinhacken und mit Rosmarin und Salz zu einem Teig verarbeiten. Den Teig portionsweise dünn auf ein mit Backpapier ausgelegtes Backblech geben. Im Backofen bei 70 °C langsam backen, bis der Teig knusprig ist, die Backofentür bleibt etwas geöffnet.

Frühstücksbrötchen

Zutaten für 6 Brötchen:

- 250 g Buchweizenmehl, 15 g Hefe
- 100-150 ml lauwarmes Wasser, 25 g Butter
- 2 EL Quark

Zubereitung:

Hefe in Wasser auflösen. Mehl, Butter und Quark hinzugeben und zu einem glatten Teig verrühren. Aus dem Teig 6 Brötchen formen und 30 Minuten gehen lassen. Mit warmem Wasser bestreichen und im vorgeheizten Backofen 15–20 Minuten bei 220 °C backen.

Salatherz pikant

Zutaten für 2 Personen:

- 1 Salatherz
- ½ essreife Avocado
- 250 ml erkaltete Gemüsebrühe
- 2 EL Crème fraîche
- 1 TL Sesamöl
- Wasser
- Muskat
- Pfeffer
- Salz

Zubereitung:

Salatherz in kleinere Stücke schneiden.
Fruchtfleisch aus der Avocado löffeln und mit den weiteren Zutaten in einen Mixer geben.

So lange pürieren und so viel Wasser hinzugeben, bis die gewünschte Konsistenz erreicht ist.

Gurken-Smoothie

Zutaten für 2 Personen:

- ¼ Eisbergsalat
- ½ Salatgurke
- 1 Selleriestange
- 1 Apfel
- 2 EL frische Kresse
- 1 TL Spirulinaalgen
- 300 ml Wasser

Zubereitung:

Apfel, Salatblätter, Gurke und Sellerie in grobe Stücke schneiden.
Mit Kresse, Spirulinaalgen und Wasser in einen Mixer geben und so lange pürieren, bis die gewünschte Konsistenz erreicht ist.

Löwenzahn-Smoothie

Zutaten für 2 Personen:

- 2 Handvoll Löwenzahn
- 1 Kiwi, ¼ grüner Salat
- 300 ml Kokoswasser, 1 EL Spirulinaalgen

Zubereitung:

Löwenzahn und Salat in grobe Stücke zupfen. Kiwi in Achtel schneiden. Mit Kokoswasser und Spirulinaalgen in einen Mixer geben und so lange pürieren, bis die gewünschte Konsistenz erreicht ist.

Grünkohl-Smoothie

Zutaten für 2 Personen:

- 100 g Grünkohl, 2 Äpfel, 1 Avocado
- 150 ml Kokosmilch, 100 ml Wasser

Zubereitung:

Äpfel vierteln, entkernen und in grobe Stücke schneiden. Avocado halbieren, entkernen und schälen. Grünkohl in kleinere Stücke zupfen und mit Obst und Avocado in einen Smoothiemixer geben. Mit Kokosmilch auffüllen. So lange pürieren und so viel Wasser hinzugeben, bis die gewünschte Konsistenz erreicht ist.

Rotes Smoothie

Zutaten für 2 Personen:

- ½ Radicchio
- 1 roter Apfel
- 2 Knollen Rote Bete
- 1 Tomate
- 100 ml Rote Bete-Saft
- 150 ml Wasser

Zubereitung:

Obst und Gemüse in grobe Stücke schneiden.
Mit Saft und Wasser in einen Mixer geben und so lange pürieren, bis die gewünschte Konsistenz erreicht ist.

Gurken-Apfel-Bowle

Zutaten für 2 Personen:

- 1 Salatgurke
- 2 Grapefruits
- 1 Apfel
- ½ Zitrone, Saft davon
- 6 Minzeblätter
- 250 ml kaltes Wasser
- Eiswürfel

Zubereitung:

Grapefruits auspressen, Saft in einen hohen Behälter füllen.

Gurke waschen, dann ein fingerlanges Stück abschneiden und in Scheiben schneiden. Die restliche Gurke längs teilen, entkernen, würfeln und zum Grapefruitsaft geben.

Apfel schälen, entkernen und fein würfeln.

Die Hälfte der Apfelwürfel und Zitronensaft zur Bowle geben, dann pürieren und mit Wasser auffüllen.

Minze waschen, trocknen, Blättchen abzupfen und in Streifen schneiden. Mit den Gurkenscheiben, Apfel- und Eiswürfeln in die Bowle einrühren.

Roter Gemüsesaft

Zutaten für 2 Personen:

- 6 Möhren
- 1 Rote Bete
- 1 Tomate

Zubereitung:

Rote Bete schälen und in kleinere Stücke schneiden. Möhren putzen und gründlich abwaschen, in Scheiben schneiden. Tomate vierteln. Alles im Entsafter frisch pressen.

Ananas-Apfelsaft

Zutaten für 2 Personen:

- ¼ Ananas
- 1 Apfel
- 300 ml stilles Mineralwasser

Zubereitung:

Ananas schälen und in grobe Stücke schneiden.
Apfel schälen, entkernen und grob würfeln.
Alle Zutaten in einen Smoothiemixer geben und so lange pürieren, bis die gewünschte Konsistenz erreicht ist.

Brottrunk-Saft

Zutaten für 2 Personen:

- 150 ml Brottrunk
- 100 ml Rote Bete-Saft
- 100 ml Möhrensaft
- 50 ml Wasser, Pfeffer, Salz

Zubereitung:

Brottrunk mit Rote Bete-Saft, Möhrensaft und Wasser verrühren. Mit Salz und Pfeffer abschmecken.

Fruchtbombe

Zutaten für 2 Personen:

- 1 Apfelsine
- 1 Apfel, 2 Möhren
- ½ Ananas

Zubereitung:

Apfel und Ananas schälen und in grobe Stücke schneiden. Möhren gründlich abbürsten und in kleinere Stücke schneiden.
Apfelsine in kleinere Stücke schneiden. Alles im Entsafter zu Saft verarbeiten.

Frischer Rote Bete-Saft

Zutaten:

- 4 Knollen Rote Bete
- 2 Äpfel
- 2 Möhren

Zubereitung:

Rote Bete schälen, Äpfel entkernen, Möhren putzen und alles in grobe Stücke schneiden. Im Entsafter zu Saft verarbeiten.

Frischer Basen-Saft

Zutaten für 1 Person:

- 150 ml Orangensaft
- ½ Banane
- 50 ml Wasser
- 1 EL weisses Mandelmus
- ½ TL basisches Grünpulver (Apotheke oder Reformhaus)

Zubereitung:

Alle Zutaten im Mixer gründlich mixen.

Bunter Obstsalat mit Nüssen

Zutaten für 2 Personen:

- 120 g gemischte Nüsse
- 1 Banane
- 2 Aprikosen, 100 g Himbeeren
- 1 Apfelsine, 1 Kiwi

Zubereitung:

Obst in mundgerechte Stücke schneiden.
Nüsse grob hacken und in einer beschichteten Pfanne rösten. Abkühlen lassen. Obst in zwei Schälchen geben und mit den gerösteten Nüssen bestreuen.

Bananen-Shake

Zutaten für 1 Portion:

- 1 Banane
- 250 ml Mandelmilch, ½ TL Erdmandelflocken

Zubereitung:

Banane in grobe Stücke schneiden, mit Mandelmilch und Erdmandelflocken in einen Mixer geben. So lange pürieren, bis die gewünschte Konsistenz erreicht ist.

Papaya-Shake

Zutaten für 2 Personen:

- 1 Papaya
- 450 ml Mandelmilch
- Zitronensaft
- 1 Prise Muskat

Zubereitung:

Papaya schälen, halbieren, entkernen und in kleinere Stücke schneiden.

Mit Mandelmilch und Muskat in einen Mixer geben und so lange pürieren bis die gewünschte Konsistenz erreicht ist.

Mit Zitronensaft abschmecken.

Gefüllte Avocados

Zutaten für 2 Personen:

- 2 Avocados
- 1 Tomate
- ½ Zwiebel
- 1 EL Zitronensaft
- 4 EL Olivenöl
- 1 TL Oregano, getrocknet
- Pfeffer
- Salz

Zubereitung:

Tomate und Zwiebel in Würfel schneiden und mit Zitronensaft vermengen.

Avocados längs halbieren, entkernen und mit Salz und Pfeffer würzen.

Tomatenmischung hineingeben, Olivenöl und Oregano darüber verteilen.

Portulak-Gazpacho

Zutaten für 2 Personen:

- 1 Bund Sommerportulak
- 1 Gurke
- 200 ml Gemüsebrühe
- 250 ml Mandelmilch
- 2 Stängel Pfefferminze
- 1 EL Olivenöl
- 1 Knoblauchzehe
- 2 TL Kreuzkümmel
- 2 TL Curcuma
- 4 EL Erdmandelflocken
- Salz

Zubereitung:

Die dickeren Stängel vom Portulak entfernen.
Gurke und Knoblauch in kleinere Stücke schneiden.

Alle Zutaten bis auf Petersilie in ein hohes Gefäß geben und mit einem Stabmixer cremig pürieren.

Mit Petersilie garnieren, kalt servieren.

Topinambur-Snack

Zutaten für 2 Personen:

- 2 Topinambur
- ½ Apfelsine, Saft davon
- 1 kleine Kohlrabi
- 6 Cashewkerne
- ½ EL Zitronensaft
- Olivenöl
- Pfeffer
- Salz

Zubereitung:

Topinambur und Kohlrabi schälen und in feine Scheiben schneiden.
Apfelsinensaft mit Zitronensaft und Olivenöl verrühren.

Mit Salz und Pfeffer abschmecken.

Gemüsescheiben auf zwei Tellern anrichten, mit Vinaigrette beträufeln.
Cashewkerne grob hacken und darüber verteilen.

Kleine Gemüsefrikadellen

Zutaten für 2 Personen:

- 2 Zucchini
- 1 Möhre
- 1 Petersilienwurzel
- ½ Zwiebel
- 2 EL Hirseflocken
- 3 EL Mehl
- Olivenöl
- ½ TL Currypulver
- Paprikapulver
- Pfeffer
- 1 TL Salz

Zubereitung:

Zucchini, Möhre und Petersilienwurzel schälen und auf einer Küchenreibe raspeln.
Zwiebel fein hacken und mit Gemüse mischen.

Mehl, Hirse und Gewürze unterrühren. Gut durchkneten und 20 Minuten im Kühlschrank ziehen lassen.

Kleine flache Küchlein formen und in einer mit Öl erhitzten Pfanne 10 Minuten goldgelb braten.

Müsliriegel

Zutaten:

- 2-3 reife Bananen
- 250 g Quinoa
- 2 EL Chiasamen
- 100 g Kokosflocken
- 100 g Kastanienmehl
- 60 g Kokosöl, 40 g Hanfsamen
- 1 EL gemahlener Zimt
- 1 EL Vanilleextrakt
- ½ TL Salz
- 2 EL Dattelsirup, 50 g getrocknete Goji-Beeren
- Sesamsamen

Zubereitung:

Quinoa mit etwas Salz in Wasser einrühren (Quinoa sollte bedeckt sein) und über Nacht einweichen. Am nächsten Tag abspülen und abtropfen.
Bananen mit einer Gabel zerdrücken, Chiasamen, Kokosflocken, Mehl, Öl, Hanfsamen, Zimt, Vanilleextrakt, Dattelsirup und 100 ml Wasser hinzugeben.
Gojibeeren mit einem Holzlöffel einrühren.
Teig auf ein mit Backpapier belegtes Backblech geben. Die Masse gleichmäßig flach streichen. Sesam darüber streuen.
Im vorgeheizten Backofen ca. 50 Minuten bei 180 °C backen. Aus dem Ofen nehmen, abkühlen lassen, dann in Stangen schneiden.

Champignons mit Buchweizen

Zutaten für 2 Personen:

- 400 g Champignons
- 200 g Buchweizen
- 1 Paprikaschote
- 400 ml Gemüsebrühe
- 1 Stängel Petersilie
- 3 EL Olivenöl

Zubereitung:

Buchweizen in Gemüsebrühe ca. 30 Minuten garen. Champignons putzen und in Scheiben schneiden, Paprikaschote in Streifen schneiden und alles in erhitztem Öl anbraten.

Buchweizen abgießen und mit Gemüse vermengen.

Petersilie fein hacken und darüber streuen.

Backofengemüse

Zutaten für 2 Personen:

- 250 g Champignons
- 1 Spitzpaprika
- 2 Tomaten
- 1 Zucchini
- 1 Zwiebel
- 1 Zitrone, Saft davon
- Olivenöl
- Pfeffer
- Salz

Zubereitung:

Das Gemüse putzen und in kleine Stücke schneiden. Zitronensaft mit 2 EL Olivenöl, Salz und Pfeffer verquirlen, dann mit dem Gemüse mischen.

In eine eingefettete Auflaufform geben und im vorgeheizten Backofen ca. 25 Minuten bei 180 °C backen.

Gemüsegulasch

Zutaten für 2 Personen:

- 3 Möhren
- 1 Kohlrabi
- 1 Zucchini
- 1 rote Spitzpaprika
- 1 Zwiebel
- 1 Knoblauchzehe
- ½ Dose gewürfelte Tomaten
- ½ TL Basilikum
- ½ TL Oregano
- ¼ TL Thymian
- ¼ TL Bockshornklee
- 1 TL Gemüsebrühepulver
- Olivenöl

Zubereitung:

Möhren, Zucchini, Kohlrabi und Paprika in große Würfel schneiden.
Zwiebel und Knoblauch fein würfeln und im erhitzten Olivenöl anschwitzen. Möhren und Kohlrabi hinzugeben, bei geschlossenem Deckel 5 Minuten mitgaren.

Das weitere Gemüse hinzugeben, Gemüsebrühepulver und Kräuter einrühren und bei geschlossenem Deckel bissfest garen.

Mediterranes Ofengemüse

Zutaten für 2 Personen:

- 2 Spitzpaprika
- 1 große Zucchini
- ½ Aubergine
- 1 Zwiebel
- 10 schwarze Oliven
- 6 Cocktailtomaten
- 1 Knoblauchzehe
- 4 EL Olivenöl
- Thymian, frisch
- Oregano, frisch
- Basilikum, frisch
- Pfeffer
- Salz

Zubereitung:

Spitzpaprika in Würfel, Zucchini, Aubergine und Oliven in dünne Scheiben schneiden.
Zwiebel, Knoblauch und Kräuter fein hacken.
Tomaten halbieren.
Alles mischen, mit Salz und Pfeffer würzen und in eine eingefettete Auflaufform geben, Olivenöl darüber verteilen.

Im vorgeheizten Backofen 30 Minuten bei 180 °C garen.

Gegrillte Gemüse-Spieße

Zutaten für 3 Personen:

- 1 rote Spitzpaprika
- 1 große Zucchini, 1 gelbe Paprika
- 1 rote Zwiebel
- 200 g braune Champignons

Für die Marinade:

- 100 g Tomaten, in Öl eingelegt
- 3 EL Olivenöl, 1 Zitrone, Saft davon
- 2 EL Apfeldicksaft, 2 EL Tamari
- Chilipulver
- Pfeffer
- Salz

- Holzspieße

Zubereitung:

Für die Marinade die eingelegten Tomaten zerkleinern und mit Olivenöl, Zitronensaft, Apfeldicksaft, Tamari und Gewürzen in einem Mixer pürieren.
Champignons putzen, die Stiele entfernen und vierteln.
Mit der Marinade bestreichen und 3 Stunden ziehen lassen.
Die restliche Marinade zum Dippen servieren.
Zwiebel, Zucchini und Paprika in grobe Stücke schneiden.
Abwechselnd mit Champignons auf die Holzspieße stecken.
Spieße von allen Seiten 3 Minuten grillen.

Konjacnudeln mit Blumenkohl

Zutaten für 2 Personen:

- 200 g Konjacudeln
- 150 g Blumenkohl
- 1 kleine Zwiebel
- 1 EL Crème fraîche
- 1 EL Olivenöl
- Pfeffer
- Salz

Zubereitung:

Konjacnudeln mit warmem Wasser abspülen, dann 5 – 10 Minuten in Wasser gar kochen.
Blumenkohl in kleine Röschen schneiden.

Zwiebel fein hacken.
Zwiebel in einem mit Öl erhitzten Topf anschwitzen.

Blumenkohl hinzugeben, mit etwas Wasser ablöschen und ca. 12 Minuten auf niedriger Stufe köcheln bis der Blumenkohl gar ist.
Nudeln abgießen, mit Blumenkohl mischen.

Mit Crème fraîche, Salz und Pfeffer verfeinern.

Tomaten-Zucchini

Zutaten für 2 Personen:

- 3 Tomaten
- 250 g Zucchini
- 10 grüne Oliven
- 1 Stängel Petersilie
- 2 EL Olivenöl
- Pfeffer
- Salz

Zubereitung:

Zucchini längs halbieren und in dünne Scheiben schneiden.
Petersilie und Oliven fein hacken.
Tomaten kurz in kochendes Wasser legen, mit kaltem Wasser abschrecken und enthäuten. In grobe Stücke schneiden.

Zucchini in erhitztem Olivenöl andünsten.
Nach 5 Minuten Tomaten und Oliven hinzugeben.

Weitere 5 Minuten köcheln lassen.
Mit Gewürzen abschmecken.
Mit Petersilie garnieren.

Scharfer Kürbis

Zutaten für 2 Personen:

- 1 kleiner Hokkaidokürbis
- 2 Chilischoten
- 2 EL Zitronensaft
- 4-5 EL Olivenöl
- ¼ TL Koriander, gemahlen
- ½ EL Ahornsirup
- Pfeffer
- Salz

Zubereitung:

Kürbis waschen und als Ganzes auf ein Backblech in den Backofen stellen. Ca. 20 Minuten bei 150 °C backen.

Etwas abkühlen lassen, halbieren, entkernen, vom Strunk befreien und in Scheiben schneiden. Chilischoten entkernen und fein hacken.

Zitronensaft mit Olivenöl, Ahornsirup, Chilischoten und Koriander verrühren. Kürbisscheiben auf ein eingefettetes Backblech legen und mit der Marinade beträufeln.

Im vorgeheizten Backofen ca. 15 Minuten bei 180 °C garen. Mit Salz und Pfeffer würzen.

Auberginenröllchen

Zutaten für 2 Personen:

- 1 Aubergine
- 2 große Kartoffeln
- 2 EL Olivenöl
- 1 Handvoll Basilikumblätter
- Pfeffer
- Salz
- Spieße

Zubereitung:

Aubergine der Länge nach in dünne Scheiben schneiden, salzen und ca. 20 Minuten ziehen lassen.
Kartoffeln schälen, in Würfel schneiden und in Salzwasser ca. 30 Minuten garen.
Auberginenscheiben beidseitig mit Öl bestreichen und im Backofen grillen.

Basilikumblätter feinhacken.

Kartoffeln mit einer Gabel zerdrücken und mit Basilikum, Öl, Salz und Pfeffer vermengen. Mit den Händen Klöße formen und mit den Auberginenscheiben umwickeln.

Mit Spießen befestigen.

Blumenkohl-Curry

Zutaten für 2 Personen:

- ½ Blumenkohl
- 2 Kartoffeln
- 2 Tomaten
- ½ Zwiebel
- 1 EL Olivenöl
- ½ TL Kreuzkümmelsamen
- ½ TL Currypulver
- Muskat
- Salz

Zubereitung:

Blumenkohl in kleine Röschen schneiden und in Salzwasser bissfest kochen.
Kartoffeln schälen, in grobe Stücke schneiden und ebenfalls in Salzwasser garen.

Tomaten und Zwiebel in Würfel schneiden.
Zwiebel mit Kreuzkümmelsamen in einer mit Öl erhitzten Pfanne anbraten. Tomaten einrühren, ebenfalls anbraten.

Kartoffeln und Blumenkohl hinzugeben, mit Gewürzen abschmecken und ein paar Minuten köcheln lassen.

Ratatouille mit Konjacnudeln

Zutaten für 2 Personen:

- 100 g Konjacnudeln
- 2 Möhren
- 1 mittelgroße Aubergine
- 1 Zwiebel
- 50 g Kichererbsen
- 400 g geschälte, gestückelte Tomaten
- 1 EL Kokosöl
- 1 Prise Zimt
- Pfeffer
- Salz

Zubereitung:

Konjacnudeln mit warmem Wasser abspülen, dann 5–10 Minuten in Wasser gar kochen.

Zwiebel fein hacken und in erhitztem Öl anschwitzen.
Möhren und Aubergine in grobe Stücke schneiden und mit Kichererbsen hinzugeben.
Alles kurz anbraten.

Tomaten und Gewürze einrühren und 10 Minuten köcheln.
Mit Konjacnudeln anrichten.

Wirsingrouladen mit Kürbisfüllung

Zutaten für 2 Personen:

- 4 große Wirsingblätter
- 1 Spitzpaprika
- 3 Kartoffeln
- 200 g Kürbis
- 1 Zwiebel
- 2 Knoblauchzehen
- 1 Tomaten, gestückelt
- 200 ml Gemüsebrühe
- Muskatnuss
- Pfeffer
- Salz

Zubereitung:

Kartoffeln klein schneiden und in Salzwasser 30 Minuten garen. Durch eine Kartoffelpresse drücken, mit Muskat würzen.
Kürbis klein schneiden und in Salzwasser 30 Minuten garen. Durch eine Presse drücken und mit Pfeffer würzen.
Wirsingblätter vom Strunk trennen. Die dicken Blattrippen flach abschneiden. Die Blätter 5 Minuten in Salzwasser garen, dann abschrecken und trocknen.
Zwischen zwei Küchenhandtücher legen und mit einem Nudelholz leicht walzen.
Zwiebel und Knoblauch fein hacken und in erhitztem Öl

anschwitzen. Mit Tomaten und Gemüsebrühe ablöschen. Ein paar Minuten einkochen, dann in eine Auflaufform geben.

Paprika fein würfeln und in der Pfanne anbraten.
Mit Salz und Pfeffer würzen.

Die Wirsingblätter zu gleichen Teilen nacheinander mit der Kartoffelmasse, Kürbismasse und Paprikawürfeln belegen.

Die Blätter von den dicken Rippen beginnend aufrollen, dabei die Seiten einschlagen. Mit dem offenen Ende in die vorbereitete Auflaufform setzen und mit Öl bestreichen.

Im vorgeheizten Backofen 35 Minuten bei 190 °C backen.

Konjacnudeln mit Bohnen

Zutaten für 2 Personen:

- 250 g Konjacnudeln
- 100 g weiße Bohnen
- 1 Zucchini
- ½ Zwiebel
- 50 g Tomatenmark
- 250 ml Gemüsebrühe
- 1 EL Olivenöl
- Currypulver
- Pfeffer
- Salz

Zubereitung:

Konjacnudeln mit warmem Wasser abspülen, dann 5–10 Minuten in Wasser garen. Zwiebel feinhacken und in einem mit Öl erhitzten Topf anschwitzen.

Zucchini in Würfel schneiden und mit Tomatenmark zu den Zwiebeln geben. Mit Gemüsebrühe ablöschen und Gemüse bissfest garen. Die Soße sollte leicht dickflüssig sein.

Nudeln abgießen und mit den Bohnen unter das Gemüse heben. Etwas ziehen lassen und mit Gewürzen abschmecken.

Möhren-Ingwer-Topf

Zutaten für 2 Personen:

- 4 Möhren
- 1 Zwiebel
- 1 Stck. frischer Ingwer (1–2 cm)
- 100 ml Mandelmilch
- 50 ml Gemüsebrühe
- 1 TL Koriander
- Salz

Zubereitung:

Möhren und Zwiebel in kleine Würfel schneiden.
Ingwer schälen und feinreiben.
Zwiebel in erhitztem Öl anschwitzen.
Ingwer und Möhren hinzugeben.
Mit geschlossenem Deckel einige Minuten garen.

Gemüsebrühe und Mandelmilch einrühren.
Die Temperatur etwas reduzieren und das Ganze bis zur gewünschten Bissfestigkeit köcheln.

Mit Koriander und Salz abschmecken.

Frikadellen aus Mungobohnen

Zutaten für 2 Personen:

- 100 g getrocknete Mungobohnen
- 1 Zwiebel
- 1 Knoblauchzehe
- 2 TL Mehl
- 1 EL Tomatenmark
- 1 TL Senf
- Olivenöl
- 1 Stängel Petersilie
- Majoran
- Muskat
- Pfeffer
- ½ TL Salz

Zubereitung:

Mungobohnen über Nacht einweichen und am nächsten Tag pürieren.

Petersilie, Zwiebel und Knoblauch feinhacken und zu den Bohnen geben.

Alle weiteren Zutaten bis auf das Öl hinzugeben, gut verkneten und ca. 6 Frikadellen formen. In einer mit Öl erhitzten Pfanne beidseitig jeweils 5 Minuten braten.

Chicorée-Gemüse mit Granatapfel

Zutaten für 2 Personen:

- 2 Chicorée
- 1 Zucchini
- 2 Kartoffeln, 1 Möhre
- 1 kleine Zwiebel
- 1 Knoblauchzehe, 120 ml Gemüsebrühe
- 1 Chilischote
- 30 g Mandeln, blanchiert, 4 EL Olivenöl
- 2 EL Granatapfelkerne
- 1 TL Zitronensaft
- Muskat
- Pfeffer

Zubereitung:

Kartoffeln, Möhre, Zwiebel und Knoblauch in kleine Stücke schneiden und in Gemüsebrühe 20 Minuten garen.
Mit Gemüsebrühe, Mandeln, Zitronensaft, 2 EL Öl und Gewürzen in einen Mixer geben und zu seiner Soße pürieren.
Chicorée in einzelne Blätter zerteilen und in kleinere Stücke schneiden. Zucchini in dünne Scheiben schneiden und mit Chicorée mischen.
Chilischote fein hacken, zum Gemüse geben und in 2 EL erhitztem Öl anbraten. Mit Gewürzen abschmecken.
Soße vom Herd nehmen und unterrühren.
Gemüse mit Granatapfelkernen anrichten.

Basisches Chili

Zutaten für 2 Personen:

- 1½ Paprikaschoten, 1 Tasse rote Linsen
- ½ Dose Mais
- 1 Dose gestückelte Tomaten
- 1 Handvoll grüne Bohnen
- ½ Zwiebel
- 2 Knoblauchzehen
- 1 EL Mandelmus
- Gemüsebrühe, Olivenöl
- Chilipulver
- Paprikapulver
- Pfeffer
- Salz

Zubereitung:

Linsen in einen Topf geben, mit Gemüsebrühe übergießen und 10 Minuten garen.
Zwiebel feinhacken und in einem mit Öl erhitzten Topf anbraten. Paprikaschoten würfeln und mit den grünen Bohnen zur Zwiebel geben.
Tomaten und Gewürze einrühren.
Knoblauch durch eine Presse drücken und mit Mais und Linsen einrühren.
Mandelmus unterrühren und mit Gewürzen abschmecken.

Blumenkohl-Risotto

Zutaten für 2 Personen:

- 1 kleiner Blumenkohl
- 3 Champignons
- 1 Möhre
- 1 Zucchini
- 1 Zwiebel
- 2 EL Olivenöl
- 120 ml Gemüsebrühe
- Muskat
- Pfeffer
- Salz

Zubereitung:

Blumenkohl auf einer Küchenreibe raspeln.
Champignons putzen und in kleinere Stücke schneiden.

Zwiebel, Zucchini und Möhre fein würfeln.
Zwiebel in erhitztem Öl anschwitzen, das weitere Gemüse hinzugeben.

Auf mittlerer Hitze anbraten, mit Gemüsebrühe ablöschen und einköcheln lassen. Mit Gewürzen abschmecken.

Buntes Gemüse-Curry

Zutaten für 2 Personen:

- ½ Brokkoli
- 2 Möhren
- 1 Kartoffel
- 2 Tomaten
- 1 Zwiebel
- 120 ml Gemüsebrühe
- 1 EL Currypaste
- 1 Prise Kreuzkümmel, gemahlen
- 1 TL Olivenöl

Zubereitung:

Brokkoli in kleine Röschen schneiden, den Strunk fein würfeln.

Tomaten, Möhren, Zwiebel und Kartoffel in Würfel schneiden. In einer mit Öl erhitzten Pfanne anschwitzen.

Currypaste, Gewürze und Gemüsebrühe einrühren.
Brokkoli unterheben und bis zur gewünschten Bissfestigkeit garen.

Scharfer Kürbis-Topf

Zutaten für 2 Personen:

- 350 g Kürbis
- 1 Spitzpaprika
- 4 Möhren
- 1 Zwiebel
- 2 Knoblauchzehen
- 2 Stängel Kerbel
- 1 Peperoni
- 1 EL Gemüsebrühepulver
- Olivenöl

Zubereitung:

Kürbis, Möhren und Spitzpaprika in kleine Würfel schneiden.
Kerbel, Zwiebel und Knoblauch fein hacken.
Peperoni von mittleren Scheidewänden und Kernen befreien und in winzige Stücke schneiden.

Zwiebel in erhitztem Öl anschwitzen. Möhren hinzugeben und mit geschlossenem Deckel 10 Minuten garen.
Etwas Wasser mit Gemüsebrühepulver einrühren.
Knoblauch und Kürbis beimengen und Temperatur reduzieren. Mit geschlossenem Deckel 10 Minuten garen.
Paprika und Peperoni einrühren und weitere 5 Minuten garen.

Mit Kerbel garnieren.

Gefüllte Zucchini

Zutaten für 2 Personen:

- 2 Zucchini
- 2 Tomaten
- 1 kleine Zwiebel
- 2 Knoblauchzehen
- 3 EL Olivenöl
- 2 Blätter Salbei, fein gehackt
- 1 Stängel Petersilie, fein gehackt
- 1 EL Apfelessig
- 50 g Parmesan, gerieben
- Pfeffer
- Salz

Zubereitung:

Zucchini längs halbieren und mit einem kleinen Löffel ausschaben.
Das Fruchtfleisch, Zwiebel und Knoblauch feinhacken.
Tomaten häuten, entkernen und kleinschneiden.
Zwiebel und Knoblauch in 2 EL erhitztem Olivenöl andünsten. Zucchini und Tomaten beimengen, mit Salz würzen.
Kräuter und Essig hinzugeben und 20 Minuten auf kleiner Stufe schmoren. Mit Salz und Pfeffer abschmecken und in Zucchinihälften füllen.
Parmesan und restliches Öl darüber verteilen.
Im vorgeheizten Backofen 20 Minuten bei 200 °C backen.

Weißkohl-Kürbis in Kokosmilch

Zutaten für 2 Personen:

- 300 g Weißkohl
- 300 g Hokkaido-Kürbis
- 1 grüne Spitzpaprika
- 1 Zwiebel
- 150 ml Kokosmilch
- 1 Zitrone, Saft davon
- Olivenöl
- Pfeffer
- Salz

Zubereitung:

Weißkohl auf einer Küchenreibe hobeln.
Kürbis in Würfel schneiden.
Zwiebel feinhacken und in erhitztem Öl anschwitzen. Weißkohl hinzugeben, salzen und bei geschlossenem Deckel anbraten. Nach 5 Minuten alles durchmischen, dann weitere 5 Minuten garen. Kürbis hinzugeben, weitere 10 Minuten bei geschlossenem Deckel garen.
Kokosmilch und Zitronensaft einrühren, Temperatur etwas reduzieren und bis zur gewünschten Bissfestigkeit weiter garen. Paprikaschote in Würfel schneiden und kurz vor Ende der Garzeit hinzugeben. Herdplatte ausschalten, mit geschlossenem Deckel einige Minuten ziehen lassen.
Mit Salz und Pfeffer abschmecken.

Lauchgemüse mit Champignons

Zutaten für 2 Personen:

- 200 g frische Champignons
- 2 Stangen Lauch
- 2 Möhren
- 100 ml Gemüsebrühe
- 2 EL Olivenöl
- 3 EL Haselnüsse, gehackt
- Pfeffer
- Salz

Zubereitung:

Nüsse in einer beschichteten Pfanne anrösten.

Lauch putzen und der Länge nach in fingerlange Streifen schneiden, Möhren schälen und in feine Stifte schneiden. Alles in einer mit Öl erhitzten Pfanne anschwitzen. Mit Gemüsebrühe ablöschen, mit Salz und Pfeffer würzen.

Champignons putzen, in Scheiben schneiden und in etwas Öl kurz anbraten.

Nacheinander das Lauch-Möhrengemüse und Champignons mit Nüssen anrichten.

Pastinaken-Nudeln

Zutaten für 2 Personen:

- 2 Pastinaken
- 1 Möhre
- 100 ml Mandelmilch
- 1 Knoblauchzehe
- 1 Stängel Petersilie
- Currypulver
- Pfeffer
- Salz

Zubereitung:

Pastinaken und Möhre schälen, der Länge nach in dünne Streifen schneiden und in kochendem Salzwasser blanchieren. Mit kaltem Wasser abschrecken.

Knoblauch feinhacken und mit Mandelmilch in einen Topf geben. Auf mittlerer Hitze köcheln lassen und Gewürze einrühren.

Petersilie fein hacken.

Gemüsenudeln mit Soße vermengen, nochmals kurz erhitzen und mit Petersilie garnieren.

Chinakohl-Curry

Zutaten für 2 Personen:

- ½ Kopf Chinakohl
- 2 Möhren
- 1 Paprikaschote
- 1 Zwiebel
- ½ Dose Kokosmilch
- Kokosöl
- Currypulver
- Salz

Zubereitung:

Chinakohl in Streifen, Möhren in Scheiben und Paprikaschote und Zwiebel in Würfel schneiden.

Zwiebel und Möhren in erhitztem Öl anschwitzen. Chinakohl hinzugeben und kurz mitbraten. Kokosmilch einrühren, ggf. etwas Wasser hinzugeben.

Mit Salz und Currypulver abschmecken.

Paprika einrühren, auf niedriger Stufe im zugedeckten Topf 10 Minuten köcheln.

Süßkartoffel-Türme

Zutaten für 2 Personen:

- 1 Süßkartoffel
- 1 kleine Zucchini
- ½ Lauchzwiebel
- 2 Zwiebeln, 2 Tomaten
- 1 EL Mandelmus
- Gemüsefond, Olivenöl
- Thymian
- Rosmarin
- Pfeffer, Salz

Zubereitung:

Süßkartoffel schälen und in dicke Scheiben schneiden. Zucchini in dünne Scheiben schneiden.
In einer mit Öl erhitzten Pfanne mit Thymian, Salz und Pfeffer braten.
1 Zwiebel halbieren, in Ringe schneiden und in einem mit Öl erhitzten Topf anschwitzen. Mit Gemüsefond und Salz weich kochen. Mandelmus einrühren und mit Stabmixer pürieren.
Die andere Zwiebel fein würfeln und in Öl anschwitzen. Tomaten würfeln und hinzugeben. Mit Thymian und Rosmarin einkochen lassen. Mit Salz und Pfeffer abschmecken.
Lauchzwiebel putzen, in Ringe schneiden und zu den Tomaten geben. Nacheinander Süßkartoffeln, Zucchinischeiben, Zwiebelringe und Tomatenmix auf Tellern zu Türmchen anrichten.

Sellerieschnitzel mit Tomatensoße

Zutaten für 6 Stück:

- Für das Schnitzel:
- 1 große Kartoffel
- 1 Knollensellerie
- 180 g Mandelsplitter
- 2 EL Olivenöl
- Pfeffer, Salz

Für die Soße:
- 2 Tomaten
- ½ Apfelsine, Saft davon
- 1 Zwiebel
- 200 ml Wasser
- Rosmarin
- Thymian
- Pfeffer, Salz

Zubereitung:

Sellerie und Kartoffel schälen und auf einer Küchenreibe feinraspeln. Mit den weiteren Zutaten vermengen. Aus dem Teig portionsweise Schnitzel formen und mit Mandelsplittern panieren.
In einer mit Öl erhitzten Pfanne beidseitig braten. Dann im Backofen 15 Minuten bei 170 °C backen.
Für die Tomatensoße Zwiebel feinhacken und mit den weiteren Zutaten zum Kochen bringen, mit Gewürzen abschmecken.

Pellkartoffeln mit Endivie

Zutaten für 2 Personen:

- 4 Kartoffeln
- ¼ Kopf Endiviensalat
- 1 Paprikaschote
- 1 Zwiebel
- 200 ml Gemüsebrühe
- Olivenöl
- ½ Zitrone, Saft davon
- 1 Stängel Petersilie
- Pfeffer
- Salz

Zubereitung:

Kartoffeln als Pellkartoffeln 30 Minuten in Salzwasser garen.
Paprikaschote und Zwiebel fein würfeln.
Zwiebel in einem mit Öl erhitzten Topf anschwitzen, Paprikawürfel hinzugeben. Mit Gemüsebrühe ablöschen und einige Minuten köcheln.
Petersilie feinhacken und darüber geben. Herdplatte ausschalten.
Endivie in schmale Streifen schneiden und mit Zitronensaft vermengen.
Kartoffeln pellen, durch eine Presse drücken und mit Paprikamasse vermengen. In warmer Konsistenz über die Endivie geben und alles gut vermischen.
Mit Gewürzen abschmecken und lauwarm servieren.

Süßkartoffeln mit Champignons

Zutaten für 2 Personen:

- 2 Süßkartoffeln
- 200 g braune Champignons
- 1 Kartoffel
- 1 Zweig Rosmarin, fein gehackt
- Olivenöl
- Sesamöl
- Muskatnuss
- 2 EL Kresse
- Pfeffer
- Salz

Zubereitung:

Eine Süßkartoffel in Spalten schneiden und mit Olivenöl, Rosmarin und Salz marinieren. Im vorgeheizten Backofen bei 190 °C knusprig backen.

Die zweite Süßkartoffel und die normale Kartoffel schälen und in Würfel schneiden. In leicht gesalzenem Wasser garen und durch eine Presse drücken. Mit Salz, Muskat und Sesamöl verfeinern.
Champignons putzen, in Viertel schneiden und in etwas Olivenöl scharf anbraten. Mit Salz und Pfeffer abschmecken.

Kartoffeln mit Champignons anrichten, mit Kresse garnieren.

Kartoffelbrei mit Kräutern

Zutaten für 2 Personen:

- 1 Handvoll Kräuter Schnittlauch, Petersilie, Löwenzahn, Brennnesseln
- 6 Kartoffeln
- 200 ml Gemüsebrühe
- 2 EL Olivenöl
- Pfeffer
- Salz

Zubereitung:

Kräuter kleinhacken und mit Olivenöl mischen.

Kartoffeln schälen und 30 Minuten in Salzwasser garen, dann zu Püree stampfen.

Gemüsebrühe mit Kräuteröl verrühren, dann mit Kartoffelmasse vermengen. Mit Gewürzen abschmecken.

Süßkartoffel-Curry

Zutaten für 2 Personen:

- 250 g Süßkartoffeln
- ½ Aubergine
- 1 Lauchzwiebel
- 1 Knoblauchzehe
- 200 ml Kokosmilch
- 50 ml Orangensaft
- ½ EL Currypulver
- 1 EL Olivenöl
- Salz

Zubereitung:

Aubergine in mundgerechte Stücke schneiden und 15 Minuten in ein Salzbad legen.
Kartoffeln würfeln, Knoblauch fein hacken, Lauchzwiebel in feine Ringe schneiden.

Aubergine in erhitztem Öl von allen Seiten kurz anbraten. Kartoffeln, Zwiebel und Knoblauch hinzugeben und kurz anschwitzen.

Curry einrühren und so lange braten, bis es seinen Duft entfaltet.
Mit Orangensaft und Kokosmilch ablöschen und 15 Minuten köcheln. Bei Bedarf etwas Wasser hinzugeben.

Romanesco-Pfanne

Zutaten für 2 Personen:

- 1 Romanesco
- 120 g Shirataki-Reis
- 2 EL Rosinen, 30 g getrocknete Tomaten
- 10 schwarze Oliven
- 50 ml Mandelmilch
- 2 EL Mandelmus
- 1 rote Chilischote, 2 EL Olivenöl
- 2 Stiele Petersilie
- Salz

Zubereitung:

Shirataki-Reis mit warmem Wasser abspülen, dann 5 – 10 Minuten in Wasser gar kochen.
Rosinen mit 100 ml kochendem Wasser übergießen und beiseitestellen.
Romanesco in Röschen schneiden.
Chili putzen und Kerne entfernen. Mit Tomaten, Mandelmus und Mandelmilch in einen Mixer geben und pürieren.
Romanesco in einer mit Öl erhitzten Pfanne anbraten, mit Salz würzen, mit Deckel abdecken und 15 Minuten auf mittlerer Stufe dünsten.
Nudeln abgießen und mit Rosinen und Oliven zum Romanesco geben. Mandelsoße einrühren.
Petersilie fein hacken und über das Gericht streuen.

Meerrettich-Gemüsepfanne

Zutaten für 2 Personen:

- 4 EL Meerrettich
- 4 Möhren
- 2 Kartoffeln
- 250 g Champignons
- 1 Zwiebel
- 2 Knoblauchzehen
- 2 EL Olivenöl

Zubereitung:

Möhren, Kartoffeln und Zwiebel in Würfel, Champignons in Scheiben schneiden.
Knoblauch fein hacken. Zwiebel in erhitztem Öl anschwitzen, Knoblauch hinzugeben.
Möhren beimengen und bei geschlossenem Deckel einige Minuten mitbraten.

Kartoffeln einrühren, kurz vor Ende der Garzeit Champignons hinzugeben. Temperatur der Herdplatte etwas reduzieren.

Einige Minuten garen, dann großzügig mit Meerrettich abschmecken.

Selleriepfanne mit Paprika

Zutaten für 2 Personen:

- 2 rote Spitzpaprika
- 300 g Sellerie
- 1 EL Kokosöl
- ½ Pck. TK-Kräutermischung
- 100 ml Wasser
- 1 TL Gemüsebrühepulver

Zubereitung:

Spitzpaprika und Sellerie in Würfel schneiden.
Sellerie in einer mit Öl erhitzten Pfanne anschwitzen.
Paprika beimengen, mit Gemüsebrühepulver bestreuen.

Mit geschlossenem Deckel einige Minuten garen.
Wasser hinzugeben.
Kurz vor Ende der Garzeit die gefrorenen Kräuter darüber verteilen und alles einmal kräftig durchrühren.

Herdplatte ausschalten und einige Minuten ziehen lassen.

Kohlrabi-Möhren-Pfanne

Zutaten für 2 Personen:

- 3 Kohlrabi
- 4 Möhren
- 1 Zwiebel
- ½ TL Meerrettich
- 1 TL Gemüsebrühepulver
- 1 TL Mehl
- 2 EL Olivenöl

Zubereitung:

Kohlrabi, Möhren und Zwiebel in kleine Würfel schneiden.
Zwiebel in erhitztem Öl anschwitzen.
Möhren hinzugeben und mit geschlossenem Deckel einige Minuten garen.

Kohlrabi beimengen, weitere 5 Minuten garen.
Gemüsebrühepulver einrühren.

Mehl mit etwas Wasser glatt rühren und mit Meerrettich vermengen. Auf das Gemüse träufeln und bis zur gewünschten Bissfestigkeit garen.

Brokkoli-Champignon-Pfanne

Zutaten für 2 Personen:

- 250 g Brokkoli
- 250 g Champignons
- 1 kleine Zwiebel
- 1 Knoblauchzehe
- 80 ml Mandelmilch
- 1 TL Gemüsebrühepulver
- 1 TL Mehl
- Olivenöl
- Pfeffer
- Salz

Zubereitung:

Brokkoli in Röschen, Champignons in Scheiben schneiden.
Zwiebel und Knoblauch würfeln.
Brokkoli in Wasser 10 Minuten garen.

Zwiebel in erhitztem Öl anschwitzen, Champignons hinzugeben und kurz anbraten. Mit Gemüsebrühepulver, Salz und Pfeffer würzen.

Die Hälfte der Mandelmilch und Brokkoli einrühren.
Die restliche Mandelmilch mit Mehl glatt rühren und in die Pfanne geben, dabei stetig rühren.

Dreierlei-Gemüsepfanne

Zutaten für 2 Personen:

- 3 Möhren
- 1 Kartoffel
- 2 Kohlrabi
- 50 ml Gemüsebrühe
- Kokosöl
- 1 TL Bärlauchpaste

Zubereitung:

Kartoffel, Kohlrabi und Möhren schälen und in Würfel schneiden.
Öl in einer Pfanne erhitzen und Gemüse darin anbraten. Mit Gemüsebrühe ablöschen.

Mit geschlossenem Deckel etwas köcheln, gelegentlich umrühren.

Mit Bärlauchpaste abschmecken.

Hirse-Pfanne mit Champignons

Zutaten für 2 Personen:

- 100 g Hirse
- 8 Champignons
- ½ Stange Lauch
- ½ Dose gestückelte Tomaten
- 1 gelbe Paprika
- 2 Möhren
- 2 Knoblauchzehen
- 200 ml Gemüsebrühe
- 1 EL Olivenöl
- Thymian
- Pfeffer
- Salz

Zubereitung:

Das Gemüse putzen und in kleinere Stücke schneiden.

In einer mit Öl erhitzten Pfanne andünsten. Hirse hinzugeben, mit Gemüsebrühe und Tomaten ablöschen.

Mit Gewürzen abschmecken, bei schwacher Hitze im geöffneten Topf ca. 20 Minuten ziehen lassen. Gelegentlich umrühren.

Champignonpfanne

Zutaten für 2 Personen:

- 250 g braune Champignons
- 1 Fleischtomate
- 1 Zwiebel
- ½ Chilischote
- 1 EL Pinienkerne
- 1 Knoblauchzehe
- 1 EL Olivenöl
- ½ TL Rosmarinnadeln
- Pfeffer
- Salz

Zubereitung:

Champignons putzen und in Scheiben schneiden.

Chilischote, Zwiebel und Knoblauch feinhacken. Tomate in feine Würfel schneiden. Pinienkerne in einer fettfreien Pfanne rösten.

Zwiebel, Knoblauch und Rosmarin in erhitztem Öl anschwitzen. Chili, Champignons und Tomate einrühren.
Kurz köcheln lassen. Mit Pinienkernen bestreuen.

Ingwer-Gemüse-Pfanne

Zutaten für 2 Personen:

- 1 Stck. Ingwer (daumengroß)
- 2 Möhren
- 1 Kohlrabi
- 3 Kartoffeln
- 200 g Brokkoli
- 1 Zwiebel
- 1 TL Gemüsebrühepulver
- Olivenöl

Zubereitung:

Kohlrabi, Zwiebel, Ingwer, Möhren und Kartoffeln schälen und würfeln.
Brokkoli in Röschen schneiden. Strunk schälen und in Scheiben schneiden.

Zwiebel in erhitztem Öl andünsten. Ingwer und Möhren hinzugeben, bei geschlossenem Deckel 2 Minuten garen.

Kartoffeln beimengen, Temperatur etwas reduzieren. Nach 5 Minuten Garzeit Brokkoli einrühren. Mit Gemüsebrühepulver abschmecken und alles so lange garen, bis die gewünschte Bissfestigkeit erreicht ist.

Schnelle Konjacnudelpfanne

Zutaten für 2 Personen:

- 100 g Konjacnudeln
- 2 Möhren
- 1 Zucchini
- 1 Zwiebel
- 1 Handvoll Brokkoli-Röschen
- 2 EL Tamarisauce
- 2 EL Ketjap Manis
- 1 EL Olivenöl

Zubereitung:

Konjacnudeln mit warmem Wasser abspülen, dann 5–10 Minuten in Wasser gar kochen.

Möhren und Zucchini in Scheiben schneiden.

Zwiebel feinhacken und im Öl andünsten. Möhren hinzugeben und etwas anschwitzen. Danach Brokkoli, Zucchini, Tamari und Ketjap Manis einrühren. Einige Minuten abgedeckt garen.

Nudeln abgießen, mit Gemüse mischen und gut umrühren.

Weißkohlpfanne mit Brokkoli

Zutaten für 2 Personen:

- 250 g Brokkoli
- 1 Möhre
- ¼ Weißkohl
- 1 Zwiebel
- 1 EL Olivenöl
- Wasser
- Salz

Zubereitung:

Weißkohl auf einer Küchenreibe fein hobeln.
Brokkoli in kleine Röschen schneiden. Strunk fein würfeln.
Möhre schälen und in Scheiben schneiden.

Zwiebel feinhacken und in einer mit Öl erhitzten Pfanne anschwitzen. Weißkohl und Möhre dazugeben, salzen und mit geschlossenem Deckel einige Minuten garen. Zwischendurch umrühren. Bei Bedarf etwas Wasser hinzugeben.

Nach 10 Minuten Brokkoli beimengen und ca. weitere 10 Minuten garen bis alles bissfest ist.

Tomaten-Zucchini-Pfanne

Zutaten für 2 Personen:

- 300 g Zucchini
- 2 Tomaten
- 1 EL Tomatenmark
- 2 Knoblauchzehen
- 3 EL Kokosöl
- Oregano
- Pfeffer
- Salz

Zubereitung:

Tomaten mit heißem Wasser übergießen, enthäuten und klein schneiden.

Zucchini und Knoblauch würfeln und in einer mit Öl erhitzten Pfanne anbraten. Tomaten und Tomatenmark einrühren.

Auf mittlerer Stufe 10 Minuten köcheln, mit Gewürzen abschmecken.

Orientalische Hirse-Pfanne

Zutaten für 2 Personen:

- 120 g Hirse
- 2 Möhren
- 2 Zwiebeln
- 2 Knoblauchzehen
- 10 grüne Oliven, entkernt
- 200 ml Gemüsebrühe
- 2 EL Olivenöl
- 4 EL Orangensaft
- Zimt
- Curry
- Curcuma

Zubereitung:

Möhren, Zwiebeln und Knoblauch fein würfeln und 10 Minuten in erhitztem Öl anbraten.

Oliven in Scheiben schneiden und mit der Hirse in die Pfanne geben, mit Brühe ablöschen. Mit Orangensaft und Gewürzen abschmecken.

Bei schwacher Hitze und geöffnetem Topf ca. 15 Minuten köcheln lassen. Gelegentlich umrühren.

Geschmorter Mangold mit Rosinen

Zutaten für 2 Personen:

- 350 g Mangold
- 1 Chilischote
- 2 Knoblauchzehen
- 1 kleine Zwiebel
- 1 EL Rosinen , 2 EL Olivenöl
- 1 EL Essig
- Pfeffer, Salz

Zubereitung:

Mangold putzen und Blätter und Stiele in breite Streifen schneiden. Die Stiele in kochendem Salzwasser ca. 2 Minuten garen.
Chili waschen, entkernen und grob hacken.
Knoblauch und Zwiebel feinhacken.
Mangoldblätter in einer mit Öl erhitzten Pfanne kurz stark anbraten. Mangoldstiele, Chili, Zwiebel und Knoblauch hinzugeben und weitere 3 Minuten braten.
Die Rosinen mit kochendem Wasser überbrühen, dann gut abtropfen lassen.
Rosinen einrühren, mit 100 ml Wasser und Essig löschen.
Mit einem Deckel zudecken und 5 Minuten dünsten.
Mit Salz und Pfeffer abschmecken, dann die Flüssigkeit ganz einkochen lassen.

Gelber Blumenkohl

Zutaten für 2 Personen:

- ½ kleiner Blumenkohl
- ½ Zwiebel
- 80 ml Gemüsebrühe
- ¼ TL Curcuma
- ½ TL Kreuzkümmel
- 1–2 EL Kokosöl
- Pfeffer
- Salz

Zubereitung:

Blumenkohl in Röschen schneiden.
Zwiebel fein hacken und in erhitztem Öl anschwitzen.
Blumenkohl, Kreuzkümmel und Curcuma hinzugeben, mit Gemüsebrühe ablöschen.

Auf mittlerer Stufe ca. 20 Minuten köcheln, gelegentlich umrühren.

Mit Salz und Pfeffer abschmecken.

Grüne Bohnen mit Sesam

Zutaten für 2 Personen:

- 500 g grüne Bohnen
- 1 kleiner Zweig Bohnenkraut
- 1 EL Sesamsamen
- 1-2 TL Sesamöl
- Pfeffer
- Salz

Zubereitung:

Bohnen putzen und mit Bohnenkraut 10 Minuten in Salzwasser garen.
Sesamsamen in einer fettfreien Pfanne rösten.

Bohnen abschütten und mit den weiteren Zutaten vermengen.

Gebratener Spitzkohl

Zutaten für 2 Personen:

- 1 Spitzkohl
- 1 Zwiebel
- 150 g geräucherter Tofu
- 1 Zitrone, Saft davon
- 150 ml Gemüsebrühe
- 2 EL Kokosöl
- Muskat
- Pfeffer
- Salz

Zubereitung:

Spitzkohl putzen, achteln, den Strunk entfernen. In eine mit Öl erhitzte Pfanne geben und von allen Seiten kurz anbraten. Zwiebel feinwürfeln und mit 1 EL Zitronensaft in der Gemüsebrühe aufkochen.

Tofu in Würfel schneiden und zur Gemüsebrühe geben.
Mit einem Stabmixer pürieren, mit restlichem Zitronensaft, Muskat, Salz und Pfeffer abschmecken.

Mit Spitzkohl servieren.

Süßkartoffelspiralen

Zutaten für 2 Personen:

- 4 Süßkartoffeln
- 4 EL Sonnenblumenöl
- 2 Spritzer Apfelessig
- Pfeffer
- Salz

Zubereitung:

Kartoffeln schälen und mit einem Spiralschneider zu Spiralen schneiden.
Öl mit Essig, Salz und Pfeffer verrühren und mit den Spiralen vermengen.

Auf ein mit Backpapier ausgelegtes Backblech geben und 20 Minuten im vorgeheizten Backofen bei 200 °C backen.

Austernpilze mit Walnüssen

Zutaten für 2 Personen:

- 120 g Austernpilze
- 2 Walnusskerne
- 2 Stiele glatte Petersilie
- Olivenöl
- Walnussöl
- Pfeffer
- Salz

Zubereitung:

Austernpilze putzen und Stielansätze abschneiden.
Walnüsse und Petersilie fein hacken.

Pilze in einer mit Olivenöl erhitzten Pfanne kurz anbraten. Mit Salz und Pfeffer würzen, Walnussöl und Nüsse darüber verteilen.

Okraschoten in Kokosmilch

Zutaten für 2 Personen:

- 250 g Okraschoten
- 1 Zwiebel
- 1 Stückchen Ingwer
- ½ TL Currypulver
- 250 ml Kokosmilch
- Kokosöl

Zubereitung:

Okraschoten sorgfältig putzen, sodass kein Schleim austritt. Den Stielansatz vorsichtig entfernen, dann die Okraschoten im Ganzen weiterverarbeiten.

Ingwer schälen und fein hacken, ebenso die Zwiebel. In einer mit Kokosöl erhitzten Pfanne anschwitzen.

Okraschoten und Currypulver hinzugeben, mit Kokosmilch ablöschen. So lange köcheln lassen bis die Okraschoten gar sind.

Auberginenpüree

Zutaten für 2 Personen:

- 1 Aubergine
- 3 Stängel Petersilie
- 1,5 EL Sesampaste
- 2 Knoblauchzehen
- 6 schwarze Oliven
- 2 EL Olivenöl
- 1 EL Zitronensaft
- Pfeffer
- Salz

Zubereitung:

Aubergine rundherum mit einer Gabel leicht einstechen.
Im vorgeheizten Backofen bei 210 °C fast schwarz backen.
Etwas abkühlen lassen, längs halbieren und mit einem Löffel ausschaben.

Oliven, Knoblauch und Petersilie fein hacken.
Aubergine mit Olivenöl, Sesampaste und Knoblauch in einem Mixer pürieren.

Oliven unterziehen, mit Zitronensaft, Salz und Pfeffer abschmecken, mit Petersilie bestreuen.

Geraspelter Blumenkohl

Zutaten für 2 Personen:

- ½ kleiner Blumenkohl
- 2 Tomaten
- 2 Handvoll Schnittlauch
- Muskat
- Pfeffer
- Salz

Zubereitung:

Blumenkohl auf einer Reibe feinraspeln.
Tomaten auspressen, den Saft auffangen und über den Blumenkohl gießen.

Schnittlauch feinhacken und beimengen.
Mit Gewürzen abschmecken.

Gebratene Zucchini

Zutaten für 2 Personen:

- 2 Zucchini
- 2 Knoblauchzehen
- 1 Zitrone, Saft davon
- 1 EL gemischte Kräuter
- Kokosöl
- Paprikapulver
- Pfeffer
- Salz

Zubereitung:

Knoblauch durch eine Presse drücken.

Zucchini in dicke Scheiben schneiden, Zitronensaft und Öl darüber gießen.

Knoblauch, Kräuter und Gewürze beimengen.
Eine Stunde ziehen lassen, dann beidseitig braten.

Würziger Grünkohl

Zutaten für 2 Personen:

- 500 g Grünkohl
- ½ Zwiebel
- 150 ml Gemüsebrühe
- 1 Handvoll Nelken
- 1 Prise Zimt
- 2 EL Haferflocken
- 20 g Öl
- 1 EL Senf
- Salz

Zubereitung:

Grünkohl putzen, waschen, blanchieren und klein hacken.

Zwiebel mit Nelken spicken und mit der Hälfte des Grünkohls in einen mit Öl erhitzten Topf geben. Dann den restlichen Grünkohl mit Gemüsebrühe und Salz hinzugeben.

Auf niedriger Stufe ca. 30 Minuten köcheln, Haferflocken einrühren und bei ausgestellter Herdplatte 10 Minuten ziehen lassen.
Mit Senf, Zimt und Salz abschmecken.

Süßkartoffel-Püree

Zutaten für 2 Personen:

- 3 Süßkartoffeln
- 1 Möhre
- 2 EL Crème fraîche
- 1 EL Kerbel, fein gehackt
- 1 EL weiche Butter
- Muskat
- Pfeffer
- Salz

Zubereitung:

Kartoffeln und Möhre schälen, in grobe Stücke schneiden und in leicht gesalzenem Wasser 15–20 Minuten gar kochen.

Wasser abgießen, Kartoffeln und Möhre mit einem Stabmixer pürieren.
Crème fraîche, Butter, Kerbel und die Gewürze unterrühren.

Wirsing mit Kokossauce

Zutaten für 3 Personen:

- 300 g Wirsing
- 300 ml Kokosmilch
- 4 TL grüne Currypaste
- Muskat
- Pfeffer
- Salz

Zubereitung:

Wirsing in Streifen schneiden.
Kokosmilch mit Currypaste in einen Topf geben und glattrühren.
Wirsing hinzugeben, umrühren und kurz aufkochen.

Mit geschlossenem Deckel auf niedriger Stufe köcheln lassen bis die gewünschte Bissfestigkeit erreicht ist.
Zwischendurch umrühren.

Mit Gewürzen abschmecken.

Auberginengemüse

Zutaten für 2 Personen:

- 300 g Auberginen
- 200 ml Kokosmilch
- ½ Zwiebel
- 1 Knoblauchzehe
- 1 EL Kokosöl
- 1 EL Currypulver
- 1 TL Zimt
- Pfeffer
- Salz

Zubereitung:

Auberginen putzen und in kleinere Stücke schneiden.
Zwiebel und Knoblauch feinwürfeln und in einem mit Öl erhitzten Topf anschwitzen.

Mit Kokosmilch ablöschen, Curry und Zimt einrühren und auf niedriger Stufe kurz köcheln.
Mit Salz und Pfeffer abschmecken.

Schwarzwurzeln

Zutaten für 2 Personen:

- 300 g Schwarzwurzeln
- 500 ml Gemüsebrühe
- 2 EL Leinöl
- Pfeffer
- Salz

Zubereitung:

Schwarzwurzeln unter fließendem Wasser gründlich abbürsten, schälen und in fingerlange Stücke schneiden.

Salz und Pfeffer in die Gemüsebrühe einrühren und die Schwarzwurzeln darin ca. 20 Minuten garen.

Schwarzwurzeln gut abtropfen lassen, mit Leinöl anrichten.

Zwiebelsuppe

Zutaten für 2 Personen:

- 8 Zwiebeln
- 400 ml Gemüsebrühe
- 3 Stängel Petersilie
- ½ EL Worcestersoße
- Pfeffer
- Salz

Zubereitung:

Zwiebeln schälen und in Ringe schneiden. Petersilie fein hacken.

Gemüsebrühe aufkochen, Zwiebelringe hinzugeben. Nach 10 Minuten Garzeit die Petersilie einrühren und mit geschlossenem Deckel ca. 15 Minuten auf niedriger Stufe köcheln lassen.

Mit Worcestersoße, Salz und Pfeffer abschmecken.

Kürbissuppe

Zutaten für 2 Personen:

- 250 g Kürbis
- ½ Lauchstange
- 1/8 Sellerieknolle
- 1 Tomate
- 1 Zwiebel
- 2 mehlige Kartoffeln
- ½ EL Tomatenmark
- 500 ml Gemüsebrühe
- Paprikapulver
- Pfeffer
- Salz

Zubereitung:

Kürbis, Kartoffeln, Sellerie, Tomate und Zwiebel in Würfel schneiden. Lauch putzen und in Ringe schneiden.

Alles in einen großen Topf geben, kurz anbraten, dann mit Gemüsebrühe ablöschen. Gewürze hinzugeben und 30 Minuten köcheln.

Ein paar Gemüsewürfel herausnehmen, den Rest mit einem Stabmixer pürieren. Gemüse wieder hinzugeben, nochmal kurz aufkochen.

Champignon-Suppe

Zutaten für 2 Personen:

- 250 g Champignons
- 120 g Kartoffeln
- 1 Zwiebel
- 2 Stängel Petersilie
- 250 ml Gemüsebrühe
- 2 EL Kokosöl
- 2 EL Créme fraîche
- Pfeffer
- Salz

Zubereitung:

Kartoffeln schälen und in Würfel schneiden. Champignons putzen und in Scheiben schneiden.
Zwiebel fein hacken und in erhitztem Öl anschwitzen. Champignons hinzugeben, mit Gemüsebrühe ablöschen.

Kartoffeln einrühren und auf kleiner Stufe 30 Minuten köcheln. Créme fraîche hinzugeben, mit einem Stabmixer pürieren.

Nochmal kurz aufkochen, mit Salz und Pfeffer abschmecken. Petersilie fein hacken und über die Suppe streuen.

Pastinakensuppe

Zutaten für 2 Personen:

- 250 g Pastinaken
- 2 Kartoffeln
- 450 ml Gemüsebrühe
- Currypulver
- Salz
- Pfeffer

Zubereitung:

Pastinaken und Kartoffeln schälen und klein schneiden.
In der Gemüsebrühe aufkochen, dann auf kleiner Stufe 25 Minuten köcheln.

Mit einem Stabmixer pürieren. Nochmals aufkochen und mit Gewürzen abschmecken.

Selleriesuppe

Zutaten für 2 Personen:

- 150 g Sellerieknolle
- 2 Möhren
- 500 ml Gemüsebrühe
- ½ TL Majoran
- Muskat
- Pfeffer
- Salz

Zubereitung:

Sellerie und Möhren gründlich waschen und ungeschält in kleinere Stücke schneiden. In der Gemüsebrühe 20 Minuten garen.

Mit einem Stabmixer pürieren, mit Gewürzen abschmecken, nochmal kurz aufkochen.

Grüne Bohnensuppe

Zutaten für 2 Personen:

- 250 g grüne Bohnen
- 2 Möhren
- 1 Kartoffel
- 1 Zwiebel
- 1 EL Mehl
- ½ TL Bohnenkraut
- 1 TL Worcestersoße
- 500 ml Gemüsebrühe
- 1,5 EL Butter
- Salz
- Pfeffer

Zubereitung:

Kartoffel, Möhre und Zwiebel schälen und in Würfel schneiden. Bohnen putzen und in 2 cm lange Stücke schneiden. Zwiebel in der erhitzten Butter anschwitzen, mit Mehl bestäuben, mit Gemüsebrühe ablöschen.

Bohnen, Möhren, Kartoffel und Bohnenkraut hineingeben und 10-15 Minuten auf niedriger Stufe köcheln lassen.

Mit Worcestersoße, Pfeffer und Salz abschmecken.

Lauchsuppe

Zutaten für 2 Personen:

- 2 Lauchstangen
- 3 mittelgroße Kartoffeln
- 1 Stängel Petersilie
- Muskat
- Pfeffer
- Salz

Zubereitung:

Lauch putzen und in Scheiben schneiden.

Kartoffeln schälen, davon 2 in kleine Würfel schneiden.
In leicht gesalzenem Wasser 30 Minuten garen, die ganze Kartoffel kneten und damit die Suppe binden.

Mit Gewürzen abschmecken. Petersilie feinhacken und über die Suppe streuen.

Rosenkohlsuppe

Zutaten für 2 Personen:

- 250 g Rosenkohl
- 250 g Kartoffeln
- 1 kleine Zwiebel
- 400 ml Gemüsebrühe
- 1–2 EL Olivenöl
- 1 EL Currypulver
- Muskat
- Pfeffer
- Salz

Zubereitung:

Kartoffeln schälen und kleiner schneiden.
Rosenkohl putzen, halbieren, mit Kartoffeln mischen und mit Currypulver bestäuben.
Zwiebel fein würfeln und im Öl anschwitzen. Gemüsemischung hinzugeben, mit Gemüsebrühe ablöschen. Bei mittlerer Hitze 15 Minuten garen.

Einige Rosenkohlkugeln entnehmen, den Rest mit einem Stabmixer pürieren. Mit Gewürzen und Crème fraîche abschmecken.
Restlichen Rosenkohl zur Suppe geben, nochmal kurz erhitzen.

Pfifferling-Suppe

Zutaten für 2 Personen:

- 150 g frische Pfifferlinge
- 1 kleine Zwiebel
- 1 EL Petersilie, fein gehackt
- 500 ml Gemüsebrühe
- 1-2 EL Butter
- 2 EL Créme fraîche
- Pfeffer
- Salz

Zubereitung:

Pfifferlinge putzen und in kleine Stücke schneiden.
Zwiebel fein hacken und mit Pfifferlingen in Butter andünsten.

Mit Gemüsebrühe ablöschen und ca. 15 Minuten köcheln.

Créme fraîche unterziehen, mit Salz und Pfeffer abschmecken.

Mit Petersilie anrichten.

Amaranthsuppe

Zutaten für 2 Personen:

- 2–3 EL Amaranth
- 2 Möhren
- ½ Zwiebel
- 1 Handvoll Schnittlauch
- 500 ml Gemüsebrühe
- 1 EL Zitronensaft
- 1 EL Kokosöl
- Pfeffer
- Salz

Zubereitung:

Möhren und Zwiebel schälen und würfeln. In einem mit Öl erhitzten Topf andünsten.

Amaranth hinzugeben, mit Gemüsebrühe ablöschen.
Auf niedriger Stufe 25 Minuten köcheln lassen.

Mit Zitronensaft, Salz und Pfeffer abschmecken.

Schnittlauch feinhacken und über die Suppe streuen.

Kürbis-Kartoffelsuppe

Zutaten für 2 Personen:

- 300 g Hokkaido-Kürbis
- 1 Kartoffel
- ½ Dose Kokosmilch
- 250 ml Gemüsebrühe
- 1 kleine Zwiebel
- 1 Stck. Ingwer
- 1 TL rote Currypaste

Zubereitung:

Kürbis und Kartoffel schälen und würfeln.
Ingwer und Zwiebel klein hacken.

Den Rahm der Kokosmilch im Topf erhitzen. Currypaste, Zwiebel und Ingwer einrühren und kurz anschwitzen.

Kürbis und Kartoffel hinzugeben, mit Gemüsebrühe ablöschen. Alles ca. 30 Minuten garen. Mit einem Stabmixer pürieren, durch ein Sieb streichen und nochmals erhitzen.

Gemischte Gemüsesuppe

Zutaten für 2 Personen:

- 2 Möhren
- 2 Kartoffeln
- 1 Zucchini
- 1 Kohlrabi
- 1 Zwiebel
- 500 ml Gemüsebrühe
- 2 EL Olivenöl
- 30 ml saure Sahne
- Pfeffer
- Salz

Zubereitung:

Gemüse schälen und in Würfel schneiden.

Im erhitzten Olivenöl anschwitzen, mit Gemüsebrühe ablöschen und 30 Minuten köcheln.

Mit einem Stabmixer pürieren, Sahne einrühren, nochmal kurz aufkochen.

Mit Gewürzen abschmecken.

Brokkoli-Eintopf

Zutaten für 2 Personen:

- 250 g Brokkoli
- 1 Zucchini
- 1 Lauchzwiebel
- 50 g rote Linsen
- 3 EL Gemüsebrühepulver
- 1,5 EL Olivenöl
- Majoran
- Pfeffer
- Salz

Zubereitung:

Brokkoli in kleine Röschen, Zucchini in Streifen schneiden.

Lauchzwiebel putzen und klein schneiden.

Öl in einem Topf erhitzen, Brokkoli, Zucchini, Lauchzwiebel und rote Linsen darin anbraten.
Mit Wasser und Gemüsebrühepulver aufgießen.

Ca. 12 Minuten vor sich hin köcheln lassen, bis das Gemüse gar ist. Mit Gewürzen abschmecken.

Frühlingssuppe

Zutaten für 2 Personen:

- 1 Möhre
- 2 Kartoffeln
- 50 g Blumenkohlröschen
- 50 g TK-Erbsen
- 500 ml Gemüsebrühe
- 2 Stängel Petersilie, fein gehackt
- Paprikapulver
- Pfeffer
- Salz

Zubereitung:

Kartoffeln schälen und würfeln.

Möhre putzen und gründlich waschen, in Scheiben schneiden.

Das frische Gemüse in der Brühe aufkochen, dann 5 Minuten köcheln. Erbsen einrühren, weitere 10 Minuten köcheln.

Mit Gewürzen abschmecken und mit Petersilie bestreuen.

Fenchel-Zucchini-Suppe

Zutaten für 2 Personen:

- 2 Fenchelknollen
- 1 Zucchini
- 1 Zwiebel
- 500 ml Gemüsebrühe
- Olivenöl
- Pfeffer
- Salz

Zubereitung:

Fenchel vom Strunk befreien und in Würfel schneiden.
Grün zur Dekoration beiseitelegen.
Zucchini schälen und in dünne Scheiben schneiden.

Zwiebel fein hacken und im erhitzten Öl anschwitzen.

Fenchel und Zucchini hinzugeben und kurz weiterdünsten, dabei stetig rühren.
Mit Gemüsebrühe ablöschen und 15 Minuten bei geschlossenem Deckel garen.

Mit einem Stabmixer pürieren, mit Salz und Pfeffer abschmecken.

Kohlrabiblatt-Suppe

Zutaten für 2 Personen:

- 8 große Kohlrabiblätter mit Stiel
- 500 ml Mandelmilch
- 1 TL Gemüsebrühepulver
- 1 EL Olivenöl
- Salz

Zubereitung:

Kohlrabiblätter klein schneiden und in einem mit Öl erhitzten Topf andünsten.

Mit Mandelmilch ablöschen und Gemüsebrühepulver einrühren.

Temperatur etwas reduzieren und mit geschlossenem Deckel einige Minuten köcheln. Steig umrühren, damit die Milch nicht anbrennt.

Mit einem Stabmixer pürieren, nochmal kurz erhitzen, mit Salz abschmecken.

Feuriger Herbsteintopf

Zutaten für 2 Personen:

- ¼ Hokkaido-Kürbis
- 1 Süßkartoffel
- 4 Möhren
- 1 Zwiebel
- 2 Knoblauchzehen
- ½ Chilischote
- 500 ml Gemüsebrühe

Zubereitung:

Kürbis, Möhren, Süßkartoffel und Zwiebel in kleine Würfel schneiden.

Knoblauch und Chilischote fein hacken.

Zwiebel in einem mit Öl erhitzten Topf anschwitzen. Möhren hinzugeben, einige Minuten mitgaren. Dann Kartoffel- und Kürbiswürfel, Chili und Knoblauch einrühren.

Mit Gemüsebrühe ablöschen. Kurz aufkochen, dann auf kleiner Stufe 10 Minuten garen.

Kartoffel-Zucchini-Suppe

Zutaten für 2 Personen:

- 2 Zucchini
- 2 Kartoffeln
- ½ Zwiebel
- 500 ml Gemüsebrühe
- 50 ml saure Sahne
- 1 EL Olivenöl
- Muskat
- Pfeffer
- Salz

Zubereitung:

Kartoffeln und Zwiebel schälen und würfeln, Zucchini in Scheiben schneiden.

In erhitztem Öl anschwitzen, mit Gemüsebrühe ablöschen, 15 Minuten köcheln lassen.

Sahne unterrühren, mit einem Stabmixer pürieren.
Nochmal kurz aufkochen, mit Gewürzen abschmecken.

Brokkoli-Kartoffel-Eintopf

Zutaten für 2 Personen:

- 400 g Brokkoli
- 6 Kartoffeln
- 1 Zucchini
- 1 Zwiebel
- 250 ml Mandelmilch
- 250 ml Gemüsebrühe
- 1 TL Sambal Oelek
- Olivenöl

Zubereitung:

Brokkoli in kleine Röschen, Kartoffeln und Zucchini in Würfel schneiden.

Zwiebel fein hacken und in einem mit Öl erhitzten Topf anschwitzen.

Kartoffeln hinzugeben und kurz anbraten. Das restliche Gemüse unterrühren.
Mit Gemüsebrühe und Mandelmilch ablöschen, Sambal Oelek einrühren.
Bei geschlossenem Deckel bis zur gewünschten Bissfestigkeit garen.

Rote Bete-Suppe

Zutaten für 2 Personen:

- 250 g Rote Bete
- 1 Knoblauchzehe
- 500 ml Gemüsebrühe
- 1 EL Créme fraîche
- 1 Spritzer Apfelessig
- ½ TL Zucker
- Salz

Zubereitung:

Rote Bete gründlich bürsten und schälen.

Knoblauch feinhacken.

1 Knolle beiseitelegen, die anderen Knollen in kleine Würfel schneiden und in Gemüsebrühe mit Essig, Knoblauch und Zucker weichkochen.

Die rohe Knolle mit einer Küchenreibe fein raspeln.
Die Suppe mit einem Stabmixer pürieren, Raspeln und Créme fraîche einrühren, nochmal kurz erhitzen.

Mit Salz abschmecken.

Tomaten-Pastinaken-Suppe

Zutaten für 2 Personen:

- 2 Pastinaken
- 3 Tomaten
- 1 Zwiebel
- 500 ml Gemüsebrühe
- 1 Stängel Petersilie
- Pfeffer
- Salz

Zubereitung:

Pastinaken putzen und in kleine Stücke schneiden, Zwiebel feinhacken, alles in der Gemüsebrühe aufkochen.
Temperatur reduzieren und 30 Minuten köcheln.

Tomaten schälen und nach 20 Minuten Garzeit zur Suppe geben.

Mit einem Stabmixer pürieren.
Mit Salz und Pfeffer abschmecken.

Petersilie fein hacken und über die Suppe streuen.

Japanische Shiitake-Brühe

Zutaten für 2 Liter:

- 1 Stück getrocknete Alge (Kombuo ca. 7 x 7 cm)
- 2–3 Lauchzwiebeln
- 100 g getrocknete Shiitake-Pilze
- 2 Liter Wasser
- Salz

Zubereitung:

Lauchzwiebeln putzen und in Scheiben schneiden.

Kombuo mit nassem Tuch abwischen und im Wasser aufkochen.

Sobald das Wasser kocht, Kombuo entnehmen, dann die Pilze und Lauchzwiebeln in das köchelnde Wasser geben und 20 Minuten garen.

Brühe durch ein feines Sieb abseihen.

Mit Salz abschmecken.

Kartoffelsuppe mit Blattgrün

Zutaten für 2 Personen:

- 300 g Kartoffeln
- Blattgrün und Stiele von 2 Kohlrabiknollen
- 1 große Zwiebel
- 500 ml Gemüsebrühe
- Olivenöl
- Muskat

Zubereitung:

Blattgrün und Stiele von den Kohlrabiknollen abschneiden, waschen und klein schneiden.

Zwiebel feinhacken und in einem mit Öl erhitzten Topf anschwitzen. Kohlrabiblätter und –stiele hinzugeben, kurz anbraten.

Mit Gemüsebrühe ablöschen. Kartoffeln einrühren und auf kleiner Stufe leicht köcheln.

Sobald die Kartoffeln weichgekocht sind, mit einem Stabmixer pürieren. Nochmal kurz aufkochen und mit Muskat abschmecken.

Grüner Salat mit Shiitakepilzen

Zutaten für 2 Personen:

- 150 g grüner Salat
- 3 Blätter Eisbergsalat
- 200 g frische Shiitakepilze, 1 rote Zwiebel
- 1 Frühlingszwiebel
- 4 Radieschen, 3 EL Olivenöl
- 1 EL Brottrunk
- 1 Handvoll Schnittlauch, fein gehackt
- Pfeffer
- Salz

Zubereitung:

Die Salatblätter in grobe Stücke zupfen, waschen und in einer Salatschleuder antrocknen.
Radieschen halbieren und feinwürfeln.
Zwiebel feinhacken. Frühlingszwiebel in feine Ringe schneiden. Mit Radieschen und Salatblättern mischen.
Shiitakepilze mit Küchenpapier abreiben und in kleinere Stücke schneiden. In einer mit 1 EL Öl erhitzten Pfanne ca. 8 Minuten anbraten. Mit Salz und Pfeffer würzen.
Für das Dressing 2 EL Olivenöl mit Brottrunk, Salz und Pfeffer verrühren. Mit Salat vermengen.
Pilze etwas abkühlen lassen und mit dem Sud über dem Salat verteilen.

Feld-Kartoffelsalat

Zutaten für 2 Personen:

- 400 g Kartoffeln
- 100 g Feldsalat
- 1 kleine Zwiebel
- ½ TL Senf
- 1½ EL Apfelessig
- 2-3 EL Wasser
- 3 EL Sesamöl
- Pfeffer
- Salz

Zubereitung:

Kartoffeln als Pellkartoffeln ca. 30 Minuten in Salzwasser garen. Pelle abziehen, Kartoffeln in Scheiben schneiden.

Zwiebel feinhacken und mit Kartoffeln mischen.

Essig mit Öl, Wasser, Senf, Pfeffer und Salz vermengen und über die noch warmen Kartoffeln geben.

Feldsalat putzen und beimengen.

Gemischter Salat

Zutaten für 2 Personen:

- 2 Tomaten
- 1 Paprikaschote
- ¼ Salatgurke
- 2–3 EL Mais
- 2–3 EL Kidneybohnen
- 1 Handvoll Schnittlauch, fein gehackt
- Olivenöl
- Brottrunk
- Pfeffer
- Salz

Zubereitung:

Tomaten, Paprikaschote und Salatgurke würfeln und in eine Schüssel geben.
Mais, Kidneybohnen und Schnittlauch dazugeben und vermischen.

Für das Dressing Olivenöl mit Brottrunk, Salz und Pfeffer verquirlen.

Alles in eine Schüssel geben und verrühren.

Blumenkohlsalat

Zutaten für 2 Personen:

- ½ kleiner Blumenkohl
- ½ rote Paprikaschote
- 5 Blätter Eisbergsalat
- 1 Handvoll Schnittlauch
- 2 Stängel Petersilie
- 3 EL Tomatenmark
- 1 EL Sesamsamen
- 1 EL Ahornsirup
- Sesamöl
- Salz
- Pfeffer

Zubereitung:

Blumenkohl in kleine Röschen, Schnittlauch in Röllchen, Paprikaschote in Würfel und Eisbergsalat in Streifen schneiden.
Petersilie fein hacken.
Alles in eine Schüssel geben und mit Tomatenmark verrühren.
Sesamöl, Ahornsirup, Salz und Pfeffer einrühren, dann ca. 3 Stunden im Kühlschrank ziehen lassen.
Sesamkörner in einer fettfreien Pfanne anrösten, vor dem Servieren über den Salat streuen.

Möhren-Selleriesalat

Zutaten für 2 Personen:

- 4 Möhren
- 1 Staudensellerie
- 1 Zitrone, Saft davon
- 2 EL Sesamöl
- Pfeffer
- Salz

Zubereitung:

Möhren und Sellerie in Scheiben schneiden.

Zitronensaft mit Öl verrühren und mit Möhren und Sellerie vermengen. Eine Stunde lang ziehen lassen, zwischendurch umrühren. Vor dem Servieren mit Salz und Pfeffer abschmecken.

Avocado mit Salatherz

Zutaten für 2 Personen:

- 1 Avocado
- 1 Salatherz
- ½ Zitrone, Saft davon
- 2 EL Olivenöl
- Pfeffer
- Salz

Zubereitung:

Salatherz in kleinere Stücke zupfen.

Zitronensaft mit Öl, Salz und Pfeffer verrühren und den Salat damit marinieren.

Avocado halbieren, entkernen und in kleinere Stücke schneiden. Mit Salat vermengen.

Erdbeer-Avocado-Salat

Zutaten für 2 Personen:

- ½ kleiner Kopfsalat
- 150 g Erdbeeren
- ½ Avocado
- 4 Minzeblätter
- 2 EL Zitronensaft
- 1–2 EL Olivenöl
- 1 TL Honig
- ¼ TL Senf
- Pfeffer
- Salz

Zubereitung:

Erdbeeren und Avocado in Würfel schneiden.

Minze feinhacken, mit 1 EL Zitronensaft vermengen und mit Erdbeeren und Avocado mischen.

Öl mit restlichem Zitronensaft, Honig, Senf, Salz und Pfeffer verquirlen.

Salatblätter in kleinere Stücke zupfen und auf Tellern verteilen. Erdbeer-Mix in die Mitte geben, mit Vinaigrette anrichten.

Kohlrabisalat mit Pinienkernen

Zutaten für 2 Personen:

- 3 mittelgroße Kohlrabis
- 3 EL Pinienkerne
- 2 Stängel Petersilie
- 1 EL Zitronensaft
- 2 EL Sesamöl
- Pfeffer
- Salz

Zubereitung:

Kohlrabi schälen und fein raspeln.

Pinienkerne in einer beschichteten Pfanne anrösten.

Petersilie fein hacken.

Für das Dressing Öl mit Zitronensaft, Salz und Pfeffer verrühren, mit Kohlrabi vermengen.

Salat mit Pinienkernen und Petersilie bestreuen.

Brunnenkresse-Salat

Zutaten für 2 Personen:

- 1 Bund Brunnenkresse
- 400 g Kartoffeln
- 4 Radieschen
- ½ Zwiebel
- 60 ml Gemüsebrühe
- 1 EL Apfelessig
- 3 EL Sesamöl
- Salz

Zubereitung:

Kartoffeln gründlich waschen und als Pellkartoffeln 30 Minuten in Salzwasser garkochen. Pellen und in Würfel schneiden.
Zwiebel feinhacken, Radieschen fein würfeln.

Brunnenkresse von den groben Stielen entfernen.

Gemüsebrühe erhitzen, dann über die Zwiebel gießen. Essig, Öl und Salz hinzugeben.
Brunnenkresse, Kartoffeln und Radieschen mit Dressing verrühren.

Bärlauch-Kartoffelsalat

Zutaten für 2 Personen:

- 300 g Kartoffeln
- 4 Blätter Bärlauch
- 5 Radieschen
- 1 Frühlingszwiebel
- 1 Gewürzgurke
- 1/3 Tasse Sojamilch
- 1 EL Apfelessig
- Pfeffer
- Salz

Zubereitung:

Kartoffeln als Pellkartoffeln 30 Minuten in Salzwasser gar kochen.

Pelle abziehen, Kartoffeln in Würfel schneiden.

Radieschen und Gewürzgurke in Würfel, Frühlingszwiebel in Ringe, Bärlauch in feine Streifen schneiden.

Alles in eine Schüssel geben und mit Sojamilch und Apfelessig vermengen. Mit Salz und Pfeffer abschmecken.

Rettichsalat

Zutaten für 2 Personen:

- 300 g Rettich
- 1 Stängel Petersilie
- 1 EL Leinöl
- 1 Spritzer Zitronensaft
- Pfeffer
- Salz

Zubereitung:

Rettich schälen und in dünne Scheiben schneiden. Petersilie fein hacken.

Leinöl mit Zitronensaft, Salz und Pfeffer verrühren. Alles in eine Schüssel geben und umrühren.

Sprossensalat

Zutaten für 2 Personen:

- 100 g Sojasprossen
- 50 g Alfalfasprossen
- 5 Blätter Eisbergsalat
- ½ rote Paprikaschote
- 2 EL Sesamöl
- 1 EL Wasser
- ½ TL Zitronensaft
- Salz

Zubereitung:

Sprossen kurz blanchieren, dann abtropfen lassen.
Salatblätter in kleinere Stücke zupfen.

Paprikaschote feinwürfeln.

Für das Dressing Sesamöl mit Zitronensaft, Wasser und Salz verrühren.
Alle Zutaten in eine Schüssel geben und gut umrühren.

Rosenkohlsalat

Zutaten für 2 Personen:

- 250 g Rosenkohl
- 1 EL Sesamsamen
- ¼ TL Honig
- 1 EL Apfelessig
- 2 EL Sesamöl
- Pfeffer
- Salz

Zubereitung:

Rosenkohl in Salzwasser ca. 20 Minuten bissfest garen. Öl mit Essig, Honig, Salz und Pfeffer verrühren.

Rosenkohl abgießen, halbieren und mit Marinade vermengen. Eine Stunde ziehen lassen.

Sesam in einer beschichteten Pfanne rösten und mit Rosenkohl mischen.

Okra-Salat

Zutaten für 2 Personen:

- 350 g Okraschoten
- 1 rote Zwiebel
- 2 Stängel Petersilie
- 1 Handvoll Schnittlauch
- 1 Stängel Thymian
- ½ TL Zitronensaft
- Sesamöl
- Apfelessig
- Pfeffer
- Salz

Zubereitung:

Okraschoten sorgfältig putzen, sodass kein Schleim austritt. Den Stielansatz vorsichtig entfernen und die Okraschoten im Ganzen weiterverarbeiten.
Zitronensaft und etwas Salz ins Kochwasser geben und Okraschoten ca. 15 Minuten köcheln bis sie gar sind.
Für die Marinade in einer 1:1:1-Mischung Wasser, Essig und Sesamöl verrühren.
Kräuter feinhacken und zur Marinade geben. Mit Salz und Pfeffer abschmecken.
Zwiebel in feine Ringe schneiden und mit abgetropften Okraschoten vermengen. Marinade unterrühren.

Pikanter Apfel-Möhrensalat

Zutaten für 2 Personen:

- 250 g Möhren
- 1 Apfel
- 1 EL Apfelsaft
- 2 EL Sesamöl
- 1 EL gehackte Petersilie
- Currypulver
- Pfeffer
- Salz

Zubereitung:

Möhren und Apfel schälen und würfeln.

Möhren in etwas Wasser 10 Minuten dünsten.
Apfelstücke hinzugeben und kurz mitdünsten.

Alles abkühlen lassen, mit restlichen Zutaten verrühren.

Radieschen-Salat

Zutaten für 2 Personen:

- 1½ Bund Radieschen
- 1 Frühlingszwiebel
- 2 EL Sesamöl
- ½ EL Zitronensaft
- 1 EL Apfelessig
- ½ EL Zucker
- Pfeffer
- Salz

Zubereitung:

Radieschen putzen und etwas einschneiden. In eine Schüssel geben, mit Salz und Zucker vermengen und 30 Minuten ziehen lassen.

Abtropfen lassen, 5 EL Flüssigkeit auffangen und mit Apfelessig, Sesamöl und Pfeffer verrühren.

Zu den Radieschen geben und 10 Minuten ziehen lassen.

Frühlingszwiebel putzen, in feine Ringe schneiden und mit Radieschen vermengen.

Vegetarischer Waldorfsalat

Zutaten für 2 Personen:

- 2 saure Äpfel
- 1 Stange Sellerie
- 100 g Weintrauben, blau
- 100 g Weintrauben, grün und kernlos
- 8 Walnüsse, gehackt
- 6 EL saure Sahne
- 1 EL Zitronensaft
- Pfeffer
- Salz

Zubereitung:

Walnüsse in einer beschichteten Pfanne rösten und abkühlen lassen.
Weintrauben halbieren.
Die blauen Trauben entkernen.

Sellerie putzen und fein hacken.

Äpfel entkernen und fein stiften.
Alle Zutaten in eine Schüssel geben, gut verrühren.

Petersiliensalat

Zutaten für 2 Personen:

- 60 g Petersilie, frisch
- 15 g Pfefferminze, frisch
- 1 Tomate
- 1 kleine Zwiebel
- 2 Knoblauchzehen
- ½ Zitrone, Saft davon
- 2 EL Sesamsamen
- 3 EL Sesamöl
- Koriander, gemahlen
- Pfeffer
- Salz

Zubereitung:

Sesam in einer beschichteten Pfanne hellbraun rösten.
Tomate, Zwiebel und Knoblauch feinwürfeln.

Minze- und Petersilienblätter fein hacken.

Zitronensaft mit Öl, Sesam, Knoblauch und Gewürzen verrühren.
Alle Zutaten in eine Schüssel geben und umrühren.

Gegrillter Spargelsalat

Zutaten für 2 Personen:

- 120 g grüner Spargel
- 1 Tomate
- 1 TL Olivenöl
- 1 EL Zitronensaft
- 50 ml Gemüsebrühe
- ½ TL Senf
- Pfeffer
- Salz

Zubereitung:

Die hölzernen Enden vom Spargel abschneiden, diagonal in Stücke schneiden. Auf einem Grill ca. 8 Minuten goldbraun garen, dabei ständig wenden. Mit Salz und Pfeffer würzen.

Tomate in feine Würfel schneiden.

Zitronensaft mit Öl, Gemüsebrühe und Senf verrühren.

Spargel mit Tomate und Vinaigrette anrichten.

Brombeer-Eis

Zutaten für 2 Personen:

- 1 Schälchen Brombeeren
- 3 Bananen
- 100 ml Mandelmilch
- 1 EL Mandelmus
- 2 EL Mandelblättchen

Zubereitung:

Mandelblättchen in einer beschichteten Pfanne kurz anrösten und beiseitestellen.

Bananen in Scheiben schneiden und einige Stunden ins Gefrierfach legen.

Brombeeren ebenfalls ins Gefrierfach legen. Dann mit Bananen, Mandelmus und Mandelmilch in einen Mixer geben und zu einer cremigen Masse verrühren.

Eiscreme in zwei Schälchen anrichten, mit Mandelblättchen garnieren.

Chia-Pudding

Zutaten für 2 Personen:

- 4 EL Chiasamen
- 250 ml Kokosmilch
- 1 Banane
- 2 Äpfel
- ½ Apfelsine, Saft davon
- ½ Vanilleschote
- 1 TL Agavendicksaft
- 2 EL Kokosraspel

Zubereitung:

Chiasamen in Kokosmilch einrühren und über Nacht im Kühlschrank einweichen.
Äpfel vom Kerngehäuse befreien.

Banane in grobe Stücke schneiden.
Banane, einen Apfel, Apfelsinensaft und Agavendicksaft in einem Mixer pürieren.

Den zweiten Apfel in kleine Stücke schneiden und mit Kokosraspeln und Vanillemark mischen.
Den Chia-Pudding in einem Glas anrichten, nacheinander das Bananen-Apfelmus und die Apfel-Kokosmischung darauf verteilen.

Mandel-Pralinen

Zutaten für ca. 10 Stück:

- 200 g Mandeln, gemahlen
- 8 Datteln, entkernt
- 20 g Rosinen
- ½ Tasse Kokosflocken
- 30 ml Mandelmilch

Zubereitung:

Datteln und Mandelmilch in ein hohes Gefäß geben und pürieren.

Rosinen klein schneiden und mit Mandeln und ¾ der Kokosflocken verkneten, Dattelmilch hinzugeben.

Aus dem Teig kleine Kugeln formen. In den restlichen Kokosflocken wälzen.

Brennnessel-Bananeneis

Zutaten für 2 Personen:

- 5 reife Bananen, 200 ml Wasser
- 6 Brennnesselblätter

Zubereitung:

Bananen in kleinere Stücke schneiden und mit Wasser und Brennnesselblättern in einem Mixer pürieren.
In einer Eismaschine bis zur gewünschten Konsistenz gefrieren lassen.

Schwarze Johannisbeer-Creme

Zutaten für 2 Personen:

- 1 Schale schwarze Johannisbeeren, 1 reife Avocado
- ½ Dose Kokosmilch, 3 EL Erdmandelflocken, geröstet
- 1 EL Hanfsame

Zubereitung:

Johannisbeeren von den Stielen zupfen.
Avocado halbieren, schälen und entkernen. Mit Johannisbeeren in einen Mixer geben und pürieren.
Kokosmilch, Erdmandelflocken und Hanfsamen hinzugeben und cremig mixen.

Melonen-Eis

Zutaten für 4 Personen:

- ¼ Wassermelone
- 2 Limetten, Saft davon
- 1 EL Agavendicksaft

Zubereitung:

Schale und Kerne von der Melone entfernen. In grobe Stücke schneiden und mit Limettensaft und Agavendicksaft pürieren.

Ins Gefrierfach stellen, nach einer Stunde mit einer Gabel umrühren, weitere zwei Stunden im Gefrierfach stehen lassen. Erneut umrühren, dann nochmals zwei Stunden im Gefrierfach lassen.

Vor dem Servieren mit einer Gabel auflockern und in Gläsern anrichten.

Rezept-Register

Frühstück *S.43*

Brotaufstriche und Pestos *S.59*

Rezept-Register

Rezept-Register

Zwischenmahlzeiten *S.76*

Hauptgerichte...*S.83*

Rezept-Register

<u>Hauptgerichte</u>

Rezept-Register

Pfannengerichte

Rezept-Register

<u>Suppen...*S.143*</u>

Rezept-Register

Salate...*S.166*

Desserts...*S.163*

Hinweise für die Leser

Die hier dargestellten Inhalte dienen ausschließlich der neutralen Information und allgemeinen Weiterbildung. Sie stellen keine Empfehlung oder Bewerbung der beschriebenen oder erwähnten diagnostischen Methoden, Behandlungen oder Arzneimittel dar. Die Angaben und Empfehlungen erfolgen ohne Verpflichtung oder Garantie des Autors. Er und der Verlag übernehmen keine Verantwortung und Haftung für Personen-, Sach- und Vermögensschäden aus der Anwendung der hier erteilten Ratschläge. Dieses Buch hat nicht die Absicht und erweckt nicht den Anspruch, eine ärztliche Behandlung zu ersetzen. Ausdrücklich wird empfohlen, eine medizinische Diagnose vom Therapeuten einzuholen und eine entsprechende Therapiebegleitung durchzuführen. Einige der vorgestellten Maßnahmen weichen von der gängigen medizinischen Lehrmeinung ab, und resultieren aus der Erfahrungsheilkunde. Es wird ausdrücklich darauf hingewiesen, dass mit diesem Buch keine erfüllbaren Hoffnungen erweckt werden, die eventuelle Heilerfolge erwarten lassen können. Die Verwertung der Texte und Bilder, auch auszugsweise, ist nur mit Zustimmung des Verlags und des Autors erlaubt. Dies gilt auch für Vervielfältigungen, Übersetzungen, Mikroverfilmungen und für die Verarbeitung mit elektronischen Systemen.
Die in diesem Buch zusammengestellten Adressen erheben keinen Anspruch auf Vollständigkeit. Sie wurden nach bestem Wissen und Gewissen erstellt. Die Angaben gelten vorbehaltlich jeglicher Änderungen. Lassen Sie sich vom Arzt oder Apotheker beraten, bevor Sie zu Vitaminpräparaten greifen. Nicht immer ist eine Nahrungsergänzung sinnvoll. Eine Überdosierung oder falsche Kombination von Präparaten könnte womöglich mehr schaden als nutzen. Für Schwangere gelten die Empfehlungen des Frauenarztes.

Buchtipp

Übersäuerung als Ursache
Natürliches Entgiften für ein gesundes, beschwerdefreies Leben
Mit Rezepten und Ernährungsplan für spürbar mehr Wohlbefinden
Daniela Zellner, 133 Seiten, Taschenbuch
1.Auflage 2018
ISBN 978-3-944523-28-6

Erhältlich im Buchhandel oder direkt auf unserer Webseite www.ersa-verlag.de